今天也要认真穿

黎贝卡 著

儿力力 绘

长江出版传媒

长江文艺出版社

前言

写这本书之前，很多人，包括崔斯坦、出版社还有读者都建议过我，可以将公众号的内容整理成书。毕竟每篇文章都是干货，如果这些内容能被系统地整理，会更方便看。

我以前有记录的习惯，那些生活里的小事，或开心或不开心的，吃了一顿美食，或者只是那天的好天气，都会想要记录下来，虽然不是每天都写，但这个习惯保持了很多年。但这五年来，除了周末和节日，我几乎每天都在写推送，输出的欲望变得很弱，加上平台越来越大，关注的人越来越多，我很久没有写过很私人的文字了。

所以我跟她们说，还是不要直接整理推送了，写点别的吧。

但那时候，其实我也没想好，在每天公众号上那么大量的文字输出工作外，我还想跟大家分享什么呢?

第一个冒出来的问题是：我是怎么变成今天的我的?

借着本书，我开始反复在想，我为什么会做今天这个工作？我为什么会拥有现在这些物品？以前别人问我这些问题的时候，我都说是因为兴趣。比如崔斯坦以前问过我——为什么我在高强度的工作下还能保持每天分享？我也说是兴趣使然。但是，这个兴趣是怎么来的，我自己也不太能回答出来。

这些小文章基本都是在深夜、在出差途中写下的。因为只有那时才有时间。我在很多个深夜反复追问自己，想到了很多事情，包括与很多记忆中的物品的关系。这本书的第一篇写的是白裙子，在这篇以后，就慢慢知道要写什么了。

这样也挺好的，“黎贝卡的异想世界”更新到第五年，我几乎每天都在写，我也认为自己每天都在思考。但是，像写这本书这样系统性、阶段性地梳理自己的想法，从来没有过。第一批看到书稿的人，包括儿力力、崔斯坦都说，我跟她们的日常聊天已经够多了，但她们也是在看了这本书后才知道原来我是这样想的。虽然梳理的是物品的关系，但其实也是对自己的一种梳理吧。

越来越觉得，在我们变成现在的自己这个漫长而无形的过程中，有时候物品比我们更清楚你想要什么。

“将插画与文章相结合”的想法在一次讨论中碰撞了出来，我负责写，儿力力负责插画，应该还蛮有意思的。但这种形式决定了它不可能是公众号文章的集结，因为公众号的内容偏实用，而且都很长，等有机会再整理吧。

谢谢你们愿意花时间读这本书。

CONTENTS

目录

第一章 衣帽间的秘密

第二章 心爱的东西

第三章 买买买这件小事

第四章 时尚博主的日常

CHAPTER
1

衣帽间的秘密

衣柜大概是最能一窥女人内心世界的地方了吧?

我们用衣服将自己层层包裹，建立起与外部世界的距离，但一不小心，这些“身外之物”却泄露了我们内心隐秘的情感：你的喜好（爱穿的衣服）、你的安全感（常穿的衣服）、你隐藏的秘密（喜欢买却不敢穿的衣服），甚至你的潜意识（不知道自己为什么会买的衣服）。

每个女人大概都希望自己的“内心世界”尽可能丰富多彩，所以，乐此不疲地为自己的衣柜添置各种装备：

白T恤很百搭，于是买了一件又一件；

西装是必备单品，于是买了一件又一件；

露肩装很流行，于是买了一件又一件；

紧身牛仔裤很适合我，于是买了一件又一件；

……

经年累月，我们拥有了“同一个世界同一个烦恼”：满柜子都是衣服，打开后却不知道穿什么。

不要小看衣柜管理这件事。

选择穿什么、不穿什么，买什么、不买什么，这些我们每天都在面对的选择，其实也是取舍的过程。在选择的过程中，我们逐渐搞清楚自己适合什么、不适合什么，逐渐摸索出自己喜欢什么，不喜欢什么。

衣柜是自我的投射，除了审美和品位，还能看出我们的生活习惯、自我管理能力和隐藏欲望。

寻找穿衣风格的过程，是一个逐渐认清自己的过程。

这个过程并不像想象中那么清晰、容易。

一个理想的衣柜，并不一定要多大，而是让我们在打开它的瞬间满心欢喜而不是一头乱麻，因为里面的每一件单品都是我们精挑细选的、心动不已的。

每一件都是真正的“我的衣服”。

高级定制

我的奶奶原来是裁缝。

小时候学校组织跳舞，每次都要统一着装，比如统一穿白裙子。

奶奶每次都会根据学校要求，精心为我缝制一件。

去跳舞的时候，因为这条裙子，跳舞跳得不咋地的我，被老师安排到了第一排。其他小女孩，穿的都是街上随处可以买到的那种简单的白裙子，应该是家长们接到“任务”后匆匆买的，毕竟跳舞裙买下来也就穿那么一次。

我现在还记得那条白裙子，是一条有精致的蕾丝花边和亮片，裙摆由很多层纱叠成的蓬蓬裙。

那时奶奶已经老花眼了，不做裁缝也有很多年。她在裙子上一针针缝上亮片时，戴着老花镜。每次线用完了，她都要让我帮她把线穿进针眼。

我做这件事特别厉害，也特别愿意做，因为感觉自己对这条裙子也有贡献（然而也是唯一贡献了）。奶奶缝裙子的时候，我一般都会搬个小凳子，坐在旁边看，隔段时间就问她“做好了吗，做好了吗”，焦急地等着看新裙子长什么样。

等到终于做完，已经是舞蹈表演的前一晚了。穿上白裙子的那一刻，我感觉自己是个小公主。没想到奶奶还不满意，觉得腰宽了一点需要再改一下，亮片太多还是拆下来一些吧。

就这样，直到早晨出发前，我才终于穿上了她满意的作品。后来我才知道，好几次晚上她为了改裙子，熬了一个通宵。

这是我最早关于“高级定制”的理解了。

消失的迷你裙

从小我就疯狂迷恋迷你裙。

关于迷你裙，最早的强烈记忆是 12 岁。

那一年，我遇见了第一个有好感的男生。

那一年最刺激也最开心的事，就是穿着迷你裙，再偷偷穿上姑姑的红色高跟鞋出去和他“约会”——一起上晚自习。

两人见面，小手都没牵，只是不时相视傻笑。

中学时学校管得严，老师每天站在教室门口检查大家的着装，我是重点检查对象，因为裙子太短了。为了过关，我每天都在跟老师斗智斗勇：穿着正常的校服裙来上课，应付完检查后就躲到洗手间把裙子的腰部卷起来，再用夹子固定，让它变成一条迷你裙，一点也不怕麻烦，所幸老师从来没发现。

很多年后同学聚会，老师看到我笑眯眯地说："你就是当年那个整天偷偷穿超短裙的姑娘。"原来当时她只是睁一只眼闭一只眼。

毕业后我的第一份工作是时政记者。初生牛犊不怕虎，我穿着迷你裙去采访重要会议，被同行传为段子。我约到很厉害的采访对象，最终却被归类为"她穿很短的裙子所以约到了采访"。生气归生气，我并不真的在意他们说什么。

当时有前辈奉劝我"与众不同是行不通的"，我非常不屑。穿迷你裙只是因为我喜欢，不为取悦谁，也不会因为谁不喜欢就不穿。

但不记得从哪天开始，我对迷你裙长达十来年的迷恋，突然消失了。

有一次见到很久没见的朋友。他说："你现在穿得好含蓄啊！你以前可不是这样的，以前每次看到你的小短裙我都倒吸一口冷气。"

说完我们哈哈大笑了半天。

那时我才意识到自己已经很久不买超短裙了。虽然现在我偶尔也穿短裙，这完全视当天的心情而定，但对它的那种迷恋是彻底消失了。

回来后我想了很久。我是什么时候不知不觉告别了迷你裙，告别了渔网袜，告别了衣不惊人死不休的时期?

想不起具体是哪一天。

也许是某个被冷气吹得膝盖疼的下午。

也许是厌倦了走在路上各种复杂的眼神。

也许是青春期的终结。我终于从渴望被关注、渴望与众不同的漫长青春期里走出来，进入一个“自己待着就很好你们谁也别来吵我”的阶段。

成长是个不断发现自我、寻找自我的漫长过程。而在这个过程中，有时候衣服比我们更了解自己。

怎样找到自己的风格

“You are what you wear”，衣服是别人还没和我们交谈前就先接收到的表达。

每个人风格不同，但找到自己的穿衣风格的方法论是可以互相参考的。我总结了自己的几点心得：

从你的穿衣习惯里寻找线索

1. 不管你的衣柜里有多少种款式的衣服，总有一些衣服是你一直反复穿的；

2. 找出你不常穿但却打心眼儿里喜欢的衣服，这些衣服能让你看出自己潜意识里喜欢什么样的风格；

3. 回忆一下之前的搭配，在男女朋友中好评率最高的是哪些；

4. 找出那些穿上去以后让你更自信的衣服。

评估你的生活方式

1. 上班的场合对着装有什么要求？

2. 工作 8 小时外的主要休闲活动是什么？

如果你的主要休闲活动是参加各

种 party、沙龙，那就可以任性地买华服，不必理会那些“这件衣服不太实用”的劝告。

如果你的日常休闲活动主要是朋友聚会，可以多买体现个性的衣物。

当然，如果你说你的主要休闲活动就是在家宅着，就把钱花在家居服上吧！

了解自己的身材，比避短更重要的是扬长

相比于一味掩饰缺点，通过展示自己的优点来赢得注目，会让我们更加自信。

确定自己的核心单品

假如你的衣柜只能留下 10 件单品，你会选择留下什么?

款式可以简洁，用色不妨大胆

与其把钱花在追逐新款式上，不妨在配色上做文章，只要在配色上用一点小心机，就能穿出完全不同的感觉。

学会穿中性色

衣品的提高是一个需要长期修炼的过程。但最快速见效的方法，就是多穿基本款中性色，远离花里胡哨的单品。

重视细节

衣服一定要合身。

配饰是“时装精”的灵魂。

适合自己的发型，不仅能修饰脸型，对个人气质的提升也至关重要。

出门前化个淡妆，就算涂个红唇也好，整个造型就有了光彩。

不要害怕尝试新风格

要有勇于尝试的勇气，多错几次才知道什么是最适合自己的。

偶尔穿得不美天也不会塌下来，但不尝试也许就不会发现自己其他的可能性。

看到就很开心的裙子

哪怕是我这种，一直在跟大家强调“不要乱买，买一件是一件，再好的东西，如果不适合自己也没必要买”的人，也必须要说：每个人的衣柜里，都需要有至少一件“其实没什么用但看到它就很开心”的衣服。

在我的衣柜里，符合这个标准的衣服，第一件就是一条 Dior 的小礼裙。

这是一条有故事的裙子。

这条裙子是我很喜欢的设计师海盗爷 John Galliano 在 Dior 最后一季的设计，看秀场模特穿时其实对它没有特别深的印象。我也不是那一年买的，而是前几年在 LA 的古着店 Lily et Cie 淘到的。这家古着店很厉害，很多好莱坞明星都在这里买衣服，奥尔森姐妹几次走 Met Gala 红毯都是在这里置装。店主本身也是设计师，不过她的品牌后来不做了，但因此也和很多设计师明星都认识。她的店简直是个宝藏，超级大，而且很多礼服都大有来头，从二十世纪二十年代到现在的裙子，你都能在这里淘到。进去的时候，我简直像蜜蜂飞进了春天！

说回这条裙子。它本来只是我那次买的三条裙子之一，买下它更多的是因为对海盗爷的情结，而不是因为它多么适合我，毕竟它对我来说真的太小了。试穿完之后，店主安慰我说："没关系，我帮你把它改松一点你就能穿下了，明天再来拿。"就这样，神奇的事发生了。

第二天，当我回来拿裙子的时候，我居然在店里偶遇了海盗爷本人！这一定是宇宙神奇的通感！

哈哈。

最囧的是，因为这条裙子的腰实在是太小了，哪怕是改了后，我还是很难穿下。以至于最后整个店里的人，除了海盗爷外，全都跑来帮我拉拉链，包括海盗爷的设计师朋友 Alexis Roche 也超友好地过来帮忙，几个人，拉了大半个小时才终于拉上（捂脸）……

而海盗爷则一直微笑地看着我们。

2017年5月份，我穿着它走了戛纳电影节红毯，参加的是电影《牡丹花下》的首映，还见到了几位美成仙女的主创：索菲亚·科波拉、妮可·基德曼和范宁小仙女。后来这部电影得了"最佳导演奖"，开心。

后来我没再穿过这条裙子，倒不是因为我觉得礼服只能穿一次，只是因为……再也拉不上拉链了。嗯，等我瘦了就会经常穿它去参加活动的。

虽然只穿过一次，但每次打开衣柜，想到买它时的经历，我都觉得像在做梦一样，看一眼就觉得很开心。

这大概是购物最快乐的瞬间，像是用钱在为自己喜欢的东西投票。

理想生活从白衬衫开始

我的衣柜里大概有20件白衬衫。

一次杂志拍摄方到我家拍摄，打开我的衣柜时，大家都被一排整整齐齐的白衬衫惊到了。

他们问我是不是有白衬衫情结。

并没有。

纯粹是爱穿。

如果断舍离到只能留下一件衣服，我会毫不犹豫选择白衬衫。

它是我利用率最高的单品，一年四季都在穿，不知道穿什么的时候，穿它总是没错的。搭裙装或者裤装都可以。

每次出差无论去哪里、参加什么活动，我的行李箱里都会有一件白衬衣。

参加活动没有合适的礼服，白衬衫就可以救场，好好做个发型，再戴上配饰，总不会失礼；出差忘了带睡衣或家居服，套上它就可以在房间里自如来去。

每次穿着刚刚洗好熨好的白衬衫出门，心情都很好——感觉自己非常认真地对待了自己，整个人精气神都不一样了。

白衬衫好看却不好打理。爱穿白衬衫的人，基本上都养成了熨烫衣服的习惯，因为不烫根本没法穿。一开始我也觉得很烦，后来发现这简直是提升衣柜利用率的妙招，很多普通的衣服包括T恤，只要好好熨烫，质感也会看起来完全不同。

寻找完美白衬衫的过程也是漫漫长路。遇见一件好的白衬衫不容易，面料、版型和细节缺一不可。所以，心爱的白衬衫，我都会很认真保养，用专门的白衣服清洗剂，好好存放，生怕穿坏了很难再买到好看的。

白衬衫还有个魔咒，就是只要一穿它就很容易弄脏，比如一吃饭准会溅到油；而且白衬衫一旦发黄或者沾到东西洗不掉就基本要被淘汰。我是在爱上穿白衬衫之后，才特别注意自己的吃相的。哈哈。

这样看起来，白衬衫真的是一件很麻烦的单品。但也正是因为它这么“麻烦”，才改变了我买衣服的习惯。

刚毕业的那几年，我很热衷于买那些最流行的单品，几乎默认了衣服的寿命最长就是一季。尤其是贪便宜买回来的那些，穿几次甚至一次就不穿了。

是从白衬衫开始，我才发现，品质好的经典款，可以反复穿、穿很多年。与其买很多便宜但穿一次或一季就扔掉的衣服，还不如把有限的预算投资在那些可以反复穿的经典款上，买一件是一件。

白衬衫穿得好看的秘密

很多人觉得白衬衫很欺负人：同一件衣服，有人穿是潇洒利落，有人穿是慵懒性感，也有人穿起来像房产经纪，完全取决于气质。

我的看法有点不同。穿白衬衫好看的秘诀，和气质关系不一定很大，而在于那份轻松随意的态度。

衣服本身不需要太多设计感，简简单单就好；不能太合身，宽宽松松就好；袖子不能太整齐，随随便便往上一卷就好。搭配不用太刻意，妆不要太浓，甚至头发都不要太整齐规矩。

山本耀司对白衬衫有过一段描述：“共度良宵的男女，清晨醒来，女人会说‘我要去洗个澡，把这个借我穿一下吧’。说着，她会穿上一件对她来说太大的白色布料衬衫。宽大的衬衫意外地贴合女人的身体，呈现出自然的凹凸，而它的光亮则会沿着她的酥胸游走……制作衣服时，我一直着迷于这种不经意间的魅力。”这是男人眼里白衬衫的性感。

而女人心目中的白衬衫，是亦舒书里美貌天成的少女无需任何额外修饰的自然，是“蒋南孙”们穿遍华服后回归最自我、最舒适状态的自信。

男人爱白衬衫爱的是那份性感，女人爱白衬衫爱的是那份底气。

总之，无论是性感还是感性，那种轻轻松松的态度，就是把白衬衫穿得好看的秘诀。

比拥抱更暖，比亲吻更软

在公众号上第一次写到羊绒的时候，我用了一个形容：比拥抱更暖，比亲吻更软。

很多人问我："你是怎么想到这个形容的？"

就在穿上羊绒的那一刻。

冬天最有幸福感的体验之一，就是穿上最爱的那件羊绒衫。

窗外风呼呼响的时候，温暖松软的被窝总是让人留恋，惬意得不想起床。被窝以外的世界真的太冷了，谁不喜欢被温暖柔软的被子包围的感觉呢？不过，穿对了衣服，也可以把这种感觉"随身携带"。羊绒衫就是这样的存在。

我的女神伊娜写的《巴黎女人的时尚经》（La Parisienne）里就有推荐羊绒，认为它是毛衣面料的首选，质量好的羊绒毛衣不但耐穿经洗，而且永不过时。

羊绒也是我最爱的材质之一。冬天的毛衣、开衫、围巾、大衣、手套恨不得件件都是羊绒。因为，它真的太！舒！服！

绒是动物纤维中最细的一种，它的柔软是用指尖都可以辨认出来的，而且纤维细度越小就越柔软。我很喜欢的英国作家彼得·梅尔在《有关品味》里面写过一篇羊绒的文章。他说："这层毛除了轻、暖之外，还十分柔软。叫人忍不住要摸一摸，而且一摸就认得出来。"

我在家里披着羊绒披肩的时候，小福也很喜欢趴在我的披肩上，真是个识货的"小伙子"，可能它也知道自己的毛没有羊绒软。

亦舒常常让自己笔下的有品位的女人穿开司米大衣或衣裙。《流金岁月》里的锁锁曾经认为貂皮最矜贵，做了黑嘉玛穿，后来又觉得土，扔在橱角，穿意大利皮革，但最后宣布最佳品位是凯丝咪（也就是开司米）大衣，让挚友南孙陪她去挑。

羊绒虽然质地柔软轻薄，但因为羊绒的细度均匀，制品的外观会比普通羊毛更有造型，例如羊绒大衣，温暖又时髦。

不过，羊绒最好的打开方式，还是贴身穿。不贴身穿就感受不到羊绒的好处，那是一种肌肤与面料的缠绵。

所以，买了羊绒毛衣千万不要因为心疼舍不得穿，它是那种越穿越舒服的材质，穿久了好像成为皮肤的一部分。

我十年前咬咬牙买下的那件羊绒衫，虽然已经穿了无数次洗到变形了，却依然是我冬天最舒服的家居服，陪伴我度过了无数个冬夜赶稿的时光。

每次穿上它，我都觉得它在用最温柔的方式拥抱我。

羊绒衫代表了我最喜欢的生活态度：快乐、温暖、轻松。

羊绒：

很多人会说，羊绒和羊毛真的有很大区别吗，不都是羊毛出在羊身上。虽说都是出在羊身上，但它们是出在不同品种的羊身上。羊毛来自绵羊，而羊绒出自山羊。

羊绒和羊毛的最大区别就是它很轻、软、暖。

一件羊绒衫的重量大概 300~400 克，比起厚实的羽绒服还有很多针织毛衣都要轻，但它的保暖性却是羊毛的 1.5 ~ 2 倍。

为什么？

一是山羊的绒毛只在冬季生长，就是为了御寒，二是羊绒本身就是山羊外皮表层最亲近皮肤和保暖的绒毛，外层还有羊毛盖着，被保护得好好的。

想起之前看到有人问：那把绒毛剃了山羊不冷吗，一点也不人道。担心太多啦！山羊的绒毛到了春天是会自动脱落的，牧民们要做的是用特制的铁刷子把绒毛收集起来，不把绒毛清理掉山羊才难受。

所以这么暖的羊绒就留给人类吧。

爱马仕羊绒毯：

我有一条用了很久的爱马仕羊绒毯。

这个家居毯是纯羊绒的，当时在店里犹豫了好久我才咬咬牙买下来。但是每次披着它，都觉得买得太值了。它很大，尺寸是 1.5 米 x 2 米的，能把整个人都裹起来，也可以直接当被子盖。

利用率有多高？每天！无论在家还是出差，我几乎随身带着。

因为它很轻很便携，而且够大够软够舒服，所以现在只要出长差我都会带着它，飞机上可以裹着，在酒店直接可以当被子床单。不夸张，我真的觉得它可以用一辈子！

用本来打算买包的预算买了它，肉痛，但不后悔。裹着它，有那种切切实实被呵护、被照顾的感觉，温暖贴心。

小贴士：

羊绒的英文翻译是 cashmere，也就是俗称的“开司米”，而对于这个名字，在《欲望都市》里有更直观的解释。

剧中 Carrie 就收到过朋友送给她的羊绒围巾，当她知道这件羊绒要 900 刀的时候，不禁惊叹道“这是金钱（cashmere）的奇迹”。要知道在美国 100 刀都能买满一个购物车的食物和家居用品了。羊绒卖这么贵不是没有道理的。物以稀为贵，本身山羊就要生长在高纬度地区，这种地区范围小而且数量少，以致羊绒的产量稀少（仅占世界动物纤维总产量的 0.2%）。羊绒在交易中还以克论价，平均每 5 只山羊的绒才够做一件羊绒衫，所以羊绒素有“软黄金”之称。

一条等瘦了就能穿下的牛仔裤

去年让我很开心的事情之一是：

终于穿下两年前拉不上拉链的那条牛仔裤了！

买它的时候，很多原来的牛仔裤都穿不下了，急需换一批新的。趁着去纽约出差，我就好好逛了一圈。

结果深受打击。

试了所有我常穿的品牌，都没有试到一条满意的。无论穿铅笔裤、阔腿裤，还是喇叭裤，我一从试衣间出来，乔伊姐姐和崔斯坦就同时摇摇头说：显胖。

压倒我的最后一根稻草就是这条裤子。

它是那种为了藏肉而设计的喇叭裤，本来我试它是为了挽尊。谁知道，拿了我一贯的尺码，它居然提不上来！

不像之前试的那些裤子要么拉链拉不上，要么扣子扣不上，它是彻底卡在大腿那里，怎么也拉不上来。

这时，乔伊姐姐迟疑地说："可能……不是裤子显胖，是你真的胖了。"

然后，她和崔斯坦一起在试衣间发出银铃般的笑声。

那一次，我违背了这些年以来定下的购物铁则之一——只买适合自己的衣服，不买那些等瘦了/胖了/剪了短发/留了长发/换了工作/万一要去什么场合……才穿的衣物，不顾她们的劝阻买下了那条牛仔裤。

我发誓一定要瘦回来！

然而，这条为了雪耻而买的牛仔裤，回来后就被我塞在一个角落，渐渐忘记了。

每次我说自己微胖，再一报自己的体重，很多人都很想打我，以为我是因为身处于对身材尤其苛刻的时尚圈才这么介意。事实是：以我不到160cm的个子和骨头架子小、肉多、四肢细、中部肥胖的体型，肉全都堆在腰和肚子上，真的很显眼。

我记得有一次我在公众号里说自己腰粗，有读者问我到底多粗，我说：快70cm了。评论一片沸腾！这样大家才相信了我说的"微胖"

并不是来自瘦子的变相优越感。毕竟我这样的体重，正常的腰围应该在 60 ~ 63cm 左右。

有一回拍摄，品牌给我们的衣服都是中码，崔斯坦一看就很气，跑去理论：“为什么给我们中码，她肯定穿不下。”结果，试穿时裙子的拉链拉不上……品牌方很客气地说：“以卡卡的身高和体重本来确实要穿小码，但看了看她的腰围尺寸，我们才选了中码。”尴尬。

虽然这样的情节时不时会出现，虽然我也试过抽时间定期上健身课。

但那点决心，并没有战胜“我已经这么累了，干吗还把自己逼得那么狠”的软弱；那点运动量，总归无法消耗那些以“我已经这么累了，如果连吃都不能尽情吃的话也太惨了”为理由吃下去的卡路里。我的体重一直没有降下来。去年中，96 斤（也就比我过去的稳定体重重了十来斤吧），腰围不敢量了。于是，我全面放弃了牛仔裤，只穿腰带宽松的阔腿裤。

想起老佛爷那句著名的话：“宽松运动裤代表失败的人生，如果你承认人生失败，那就穿吧。”话糙理不糙啊。

去年年底，我有段时间对很多事情都失去了热情，包括吃和购物。为了把自己从这种状态中拽出来，我重启了健身课。

一周两三次健身课，出差也要坚持自己练上半个小时，再配合饮食。三个月我就瘦下来了，体重恢复到过去维持了好些年的数字：85 斤，腰围也瘦到了 62cm，比当年最瘦的时候还细。

瘦下来后，我立刻想到那条牛仔裤，有一天深夜把它从衣柜深处翻出，很轻松就穿上了！

忍不住得意洋洋地发了个朋友圈：我终于可以穿上它了。一雪前耻！

不得不说，这种感觉太棒了。

所以，每个人的衣柜都应该有一条等瘦了就能穿下的牛仔裤！

牛仔裤穿着体验

最显瘦的铅笔裤来自 J Brand，伸缩度极强的面料，塑形效果极佳，即使在我胖了十斤的情况下仍能让我假装铅笔腿。当然穿着舒适性略差，美貌和舒适本来就很难兼得。

因为个子不够高，在还没流行短一截牛仔裤之前，很多品牌的牛仔裤买回来我都需要找裁缝改。和我有一样苦恼的人，记得去 tops hop 淘一淘。它家的哈比人系列就是专门为我们定制的。

最舒服的牛仔裤来自优衣库和 Levi's。属于可以穿着赶长途飞机的牛仔裤，宽松舒服透气。

提高衣服利用率最有效的办法

差不多跟我同期，我妈妈开始又一轮的瘦身行动，靠严格执行减肥食谱和适量运动，3个月内瘦了近20斤。

我和我身边的人都惊呆了。

每个人见到她都会问两个问题。一个是："你是怎么瘦下来的？"另一个就是："你都这个年纪了为什么还要瘦下来？"

妈妈每次都有点无奈地说："因为我也想穿衣服好看一点，因为我也想看到自己的身材变得更好，因为我也爱美啊。"

私底下，总是需要为自己爱美找到冠冕堂皇的理由的她，很认真地跟我说：

"如果我们的身材一直不走形，那么衣柜里的衣服就一直不会因为不合穿而被淘汰，这样也不失为省钱的好办法呢！"

哈哈哈。

在爱美的路上，有这么爱美又自律的妈咪与我同行，我一点也不寂寞。

身材管理

有一段时间，我陷入了一个怎么也无法让自己开心起来的状态。

虽然公众号每天也在照常更新，该出的差还在出，该做的工作一样也没少做。但我自己知道，那是一种机械化的状态，全靠惯性力量完成。每天完成工作之后，不喝酒喝到把自己喝晕就没办法入睡。

有一天早上醒来，我发现枕头上全是红色的酒渍，地上也有一摊。当时还有点晕乎乎的我，努力回忆了前一晚，喝的似乎是威士忌不是红酒啊。擦地板时才发现，原来那摊红色的东西，不是红酒，而是血渍。

记忆在清醒后一点点回来：我应该是喝多了以后，要去上洗手间，结果摔倒了，头磕到窗台，流了很多血，而我自己并没觉得疼，也没发现流血了，就继续睡过去了。

我赶紧去医院检查，所幸只是皮外伤。

但这一摔，让我体会到了真正的恐惧。那时我意识到：我失控了。

哪怕生活还在朝着正常的轨道运转，哪怕大部分人看不出我的反常，但我很清楚我正在慢慢失去对自己的控制，从身材开始，再到对酒精的依赖，慢慢蔓延到生活和工作的方方面面。

从医院回来后我做的第一件事，就是打电话约了已经三个月不见的健身教练。

我知道接受自己的不完美很重要，现在时尚圈的“政治正确”也是提倡接受各种不同的身材，不再以瘦为美。这些我都很赞同。

人人都要瘦吗？不一定。但如果胖让你不开心，就不要给自己找借口了。我每次看到自己穿不下好看的裙子，穿不下原来穿得很好看的衣服，看着那些代表懒惰和软弱的赘肉，都很沮丧。因为那是一个危险的信号，意味着自我管理的失败。

我讨厌那种失去对自己的控制的感觉，所以我才没有放弃管理自己的身材。

每次我状态不好时，都会阶段性重启健身课。健身是万能的吗？不是。但它是我能做的最快速改善状态的事。毕竟，和生活中所有不由我们控制的其他事情比起来，身材，真的是只要付出就看得到回报的事。

家居服也要美

很多人可能会觉得，偶像剧和电影主角穿那么美的睡衣，是为了给观众看的；而我们的家居服和睡衣都是自己在家穿的，反正也不用见人，就不用太讲究了。

告诉我，你们有没有人就把旧T恤、旧校服、运动装当成家居服或睡衣？

老实说，我以前也是这样。我妈妈在家也会穿得整整齐齐的，所以她经常嘲笑我："在外面穿得那么美，在家就那么邋遢，还敢说自己爱美？"想想也是啊，我们在家的时间，一点都不比在外面的时间短，为什么我们却要凑合着来呢?

《怦然心动的人生整理魔法》中，近藤麻理惠就很反对把那些“不想再穿但丢掉又可惜的”衣服拿来当家居服。她说：“在家里的时间一样是生活，好不容易要在理想的房间里追求理想的生活，却还穿着不让人心动的衣服，这才叫作可惜吧？”

在别人看不到的地方也要精致，才是真精致。因为一个人独处时的状态才能真正代表我们对自己的态度。所以，就算是宅在家里，也不能放任自己蓬头垢面穿着自己不喜欢的衣服凑合着过，这是我被我妈妈“当头棒喝”后的改变。

但我也不习惯像她那样，不出门也穿着外出服在家一整天。尤其是像我们这种天天在职场上“冲锋陷阵”的人，好不容易可以宅在家里放飞自我，实在不愿意“全副武装”了。

还好，这个世界上还有很多美貌又舒适的家居服。

在什么地方应该花钱，什么地方可以省钱，每个人的选择不同。我是那种宁愿少买一个包，也要把钱花在家居服上的人。因为贴身穿的衣物，一定要用好的面料。

最适合当家居服的面料，是真丝、纯棉和羊绒。

真丝娇贵且不好护理，但夏天穿又凉快又透气；纯棉则适合懒人，同样舒服透气，也没那么难伺候；羊绒最适合冬天，南方阴冷的屋里，套上一件羊绒就是最贴心的温暖。

这三种面料，都属于越穿越舒服的那种。

好的面料能带给我们幸福感。万物有灵，尤其是跟肌肤接触的衣服，要选择好的。面料和肌肤的缠绵，那种幸福感是可以“切肤”感受到的。

一点新一点旧

在处女座的崔斯坦眼中，我是那种有很多（没必要的）强迫症的人。

比如买衣服这件事。我们一起逛街，兴高采烈买到非常喜欢的新衣服后，她做的第一件事就是剪掉标签，立刻穿上。而我呢，再喜欢的衣服和包包，买回来后，很久都不见我穿，不见我用。包括刚从秀场下来就跑去买入的外套，等到明星们都穿着它上了好几轮杂志，街拍达人都穿成爆款，等到它都开始要打折了，我才开始拿出来穿。

有一天崔斯坦终于忍不住问我：新衣服买回来不穿，那新衣服的意义到底是什么？

可能是恋旧的一种。

新衣服买回来，我总觉得它们是陌生的，要先洗过、在衣柜里放一段时间，跟我相处一下，有了熟悉感，才拿出来穿。

穿搭的规则有无数，对我来说，很重要的一条是：一点新一点旧。

最开始我喜欢穿“旧衣服”，是觉得把当季新款全都堆在身上，浑身上下都是时髦元素，难免用力过猛。

渐渐找到自己的风格，有了自己的“硬通货”后，我发现经典的款式，穿多少年都不会过时，于是一穿再穿。

再后来，习惯了把新衣服和旧衣服搭配在一起，新衣服带来新鲜感，旧衣服带来安全感，一点新一点旧刚刚好。

我有好多衣服都穿了很多年，不是买不起新的，而是它们带来了无与伦比的舒适感。年纪越大越发现，自在舒服真的太重要了。无论穿什么，都要让自己穿得舒服。

再美的衣服，穿起来不舒服我也不爱穿。舒服才能带来真正的自信。

所以，对那些自己喜欢的衣物，我都会很悉心地保护它们，喜欢的衣服用手洗，收纳时按照面料特点来，穿之前要仔细熨烫好……

对于喜欢旧东西的强迫症，不只是衣服，其他物品也一样。买买买的路上，我也曾经历过看到什么新鲜的都想买的过程。慢慢发现，那些能长久陪伴我的东西，更能带来安全感。万物皆有神。很多日常爱用物，用得多、用得久了，仿佛沾染了我们的气息，了解了我们的习性，才真正算得上是“我的东西”。它们值得被我们用心对待。

那么，我们为什么还要买新衣服?

因为有时候买新衣服、穿新衣服的快乐，是穿旧衣服无法取代的。

据说人的全身细胞每隔七年就更新一次。也就是说，每过七年，我们就会变成一个“全新的自己”。每一天的我们，每一个阶段的我们，都是不同的。正是为了一个“新的我”，我们才会每隔一段时间，购置新的东西。

人生路漫漫，总有一些旧的东西让我们念念不忘，也要有一些新的东西让我们对接下来的生活充满期待。

既要恋旧，也要张开双手迎接新的可能性，才能让我们对生活保持源源不断的热情。

什么贵就买什么、什么流行就买什么，这样一点也不时尚。能把同一个单品搭配出不同的风格，能把旧衣服穿出新意思，才是真 · 时尚。

我的核心单品

总结一下我衣柜里利用率最高的反复穿搭的单品吧，给大家做个参考：

白衬衫、白T恤、条纹衫、真丝背心、连衣裙、黑色紧身裤、阔腿裤、牛仔短裙、纱裙、羊绒衫、小西装、风衣、牛仔外套、机车皮衣、羊绒大衣。

我投资核心单品的标准：它们每一件都可以完成至少三种搭配吗？

我个人的衣柜投资原则就是：70% 的基本款 +30% 的个性款。一个全是个性款的衣柜是不实用的，但一个全是基本款的衣柜则是无趣的，而这 30% 的个性款中就包括一件可以让你惊艳全场的“战袍”。

核心单品有点像一块画布。有了它，你就可以在上面尝试添加各种不同的元素和搭配。

如果你也是每天站在一柜子衣服前却不知道穿什么，最后还是套上牛仔裤和T恤的话，不妨试一下，找出你穿起来最舒服、最自信的T恤，再逐渐添加那些你平时不敢尝试的元素，也许你会发现一个新的自己！

高跟鞋

我爱高跟鞋。

关于高跟鞋的回忆有很多。

第一个想起来的是：大学时喜欢一个男生。有一次他的乐队有演出，邀我去看，可那天我正好也有一个重要的活动要主持。活动结束后，来不及换下高跟鞋的我，飞奔到他演出的地方。到的时候，看到他正在台上唱最后一首歌——《你快乐所以我快乐》。我站在台下听完就默默走了。回到宿舍才发现，经过一整晚的站立和一路小跑，那双难穿的高跟鞋把我的脚后跟磨得血肉模糊。

如今，那些疼痛早就过去，留下的只有温柔的记忆。真开心，我曾经那么心无旁骛地喜欢过一个人。

前段时间看了是枝裕和的采访。他说自己跟法国女演员伊莎贝尔·于佩尔（Isabelle Huppert）聊天时，于佩尔告诉他：“想要知道一个人的性格，只要看看这个人脚上穿的鞋子就行——有人光脚走路，有人穿运动鞋，还有的人爱穿高跟鞋，这些人的性格全然不同。”

类似这样的话，黄觉跟周迅讲过。

看鞋识女人。

喜欢平底鞋的人，要么很保守，很难走出自己的舒适区，从不挑战更难走的路；要么就是够放松，她们已经想明白，人生路坎坷，自己舒服才是第一要义。

而喜欢高跟鞋的人，十有八九，都有超乎寻常的生命力。

爱美是一定的。高跟鞋让女人身姿摇摆，信心百倍，有时甚至觉得自己可以征服世界。

《欲望都市》里，爱鞋成痴的Carrie说：“爱情会逝去，但高跟鞋永远在。”所以她在被打劫时，请求劫匪无论如何要留下她刚买的那对Manolo Blahnik的鞋子。这是女人对高跟鞋盲目的爱，哪怕伤痕累累也要继续穿，反正伤口总会痊愈，爱美这件事永远不能放弃。

伊坂幸太郎在《华丽人生》里有一个观察，他形容一个女人生命力顽强，不像会想不开自杀的人，证据是她爱名牌高跟鞋，“一个穿名牌高跟鞋的人，是不会那么容易想不开的”。

美从来都不容易炼成，把高跟鞋穿得好看并不是一件那么容易的事。每一个可以穿着高跟鞋健步如飞的人，都经历过每走一步就像踩在刀尖上的痛苦。所以，会穿高跟鞋的人，一定都有极强的意志力。一个连高跟鞋都可以驯服的人，还有什么事是不可能做到的呢？！

然而，这几年，我从一个连逛街都要穿高跟鞋的人，慢慢变成了鞋柜里高跟鞋和平底鞋平分天下的“中庸派”。

这件事是怎么发生的呢？

大概要追溯到好几年前的一个晚上，我在威尼斯采访电影节。白天穿着高跟鞋参加活动、采访，因为时间太长，同行的小伙伴看我太辛苦，一直劝我把鞋子脱下，都被我拒绝了，只有穿着高跟鞋，我才觉得自己够职业、够自信。晚上坐船回老城，下船后还要走很长的一段路才能回到短租的公寓。

谁知道那天迷路了，我在深夜的老城里走了一圈又一圈，实在太累了，这才脱下高跟鞋，提着它们走回去。隔了这么多年，我依然记得光脚踩在微凉的石子路上的那一刻，那种舒服的感觉，让我忍不住，在威尼斯的夜色里，长长地舒了一口气。

那是终于摆脱某种束缚的轻松感，是疼痛带来的成长。

高跟鞋的妙处，在于让我们在某一瞬间明白，美固然很重要，摆脱美对我们的控制，同样很重要。

鞋品决定衣品。衣服穿得很好看，但一双难看的鞋子就会毁掉全身的造型。相反，衣服穿得很平淡，但有了一双好看的鞋子，整个造型瞬间变得耀眼。少了那些好看的鞋子，人生的路上想必也会暗淡许多呢！

鞋子品牌推荐

Manolo Blahnik：舒适度、好看度和质量结合得最完美的鞋子。无论方扣款还是 BB 款都值得拥有。难怪我家 Carrie 被打劫时也要求留下它。

Stuart Weitzman：高跟鞋里的基本款，适合日常穿，尤其适合瘦长脚，高脚背，10cm 的高跟仍可以健步如飞。最经典的是一字带高跟鞋，我拥有它家不同高度、颜色的一字带高跟鞋达 6 双。

Christian Louboutin：它是刑具，本来就不是为了穿着设计。至今我也没有买到合适的一双。

风格偶像

介绍过很多穿衣榜样，但真正算得上是我的风格偶像，且从小到现在一直持续影响我的，有两个人。分别是伊娜·德拉弗拉桑热（Inès de la Fressange）和凯特·摩丝（Kate Moss）。

虽然无论是身材、样貌、气质，她们俩对我的参考性都不算高，我也并没有努力向她们的风格靠拢。除了她俩都是超模出身，先天条件就比普通人好外，她们的气质真的太独特了，放眼这几十年的时尚圈，谁也没法说出谁是凯特·摩丝第二，伊娜第二，因为她们无法超越，难以模仿。

但这不妨碍她们成为我的风格偶像。我从她们俩身上学习到的穿衣搭配的准则反而是次要的，更重要的是一些关于美的想法和理解。

穿搭没有法则，不用按照套路来

每隔一段时间，我就会在外网看到类似这样的标题“今年秋冬的趋势，凯特·摩丝早就穿过了”。这么多年过去了，每年一流行什么，外媒就把她搬出来说都是她玩剩下的。就因为，在穿衣打扮这件事上，她确实很有创造性。

从去年开始非常火的Slip Dress(吊带裙),街拍中几乎人手一条。早在20世纪90年代，凯特·摩丝就经常穿着它上街，这一度是凯特·摩丝的个人风格标识，被无数人模仿。现在它依然是潮流尖货。

还有几乎人手一件的小西装，伊娜和凯特·摩丝都很爱穿，但两个人穿出来的风格完全不同。伊娜把它穿得既优雅又舒适，而凯特·摩丝则在当年创造性地用它搭配牛仔裤，混搭球鞋。

今天看这样的造型可能没觉得有什么特别，街上很多女孩都这么穿，但要知道，当时可是八九十年代。再早之前，西装基本都出现在职场和商务场合。如今变成利用率那么高的衣服，她们俩绝对对此有贡献!

在穿衣服这件事情上，要有勇于尝试的勇气，多错几次才知道什么才是最适合自己的。

偶尔穿得不美，天也不会塌下来，但不尝试也许就不会发现自己其他的可能性。

穿自己觉得舒服的，比穿别人觉得美的更重要

随着这几年法式风格的流行，伊娜屡屡被推出来作为法国女人的穿搭样本。我在摩洛哥参加活动时遇到 YSL Beauty 的全球市场总监，聊起伊娜，他说："她是法国真正的时尚 ICON。"但如果仔细分析她的穿搭，你可能会发现，她穿得非常简单，小西装、T 恤、白裤子、条纹衫、风衣，我们的衣柜里都有。

伊娜写了一本书来分享她的时尚心得，《巴黎女人的时尚经》。

她说："在法国，人们喜欢混搭，vintage 服装混搭最新款式，昂贵服装混搭平价服装。大多数人的着装目的不是炫耀，不是在说'来看看我的丈夫有多有钱吧！'我们不在乎这些，我们只想感觉自己很好，因为我们知道只有当我们感觉良好时我们才是真正的好。我们提名牌包不是为了暗示'你看我有一个大 logo 的名牌包'，而是因为我们真正喜欢它。"

现在大家都在推崇法式风情。在我看来，法式风情的精髓在于自我认同感。其实没有什么"法式单品"，法国女人之所以让人着迷，想要模仿，并不在于她们选择了多么时髦的单品，而是无论她们穿上哪件衣服，看起来都那么放松。这大概来源于她们的自我认同感很高，穿让自己舒服的衣服，才会有真正的放松和自信，如果连放

松都做不到，就更别提慵懒的风情了。

凯特·摩丝虽然不是法国女人，却把这一点发扬到了极致。

就像川久保玲说的：取悦他人偶有为之，

但至少在穿衣上，

只为了自己。

自己够强大，

就不需要去取悦任何人。

不需要时时刻刻都维持完美的幻想

现在我们总爱说什么漫不经心的时髦，但即使是在街拍界，真正做到“漫不经心”的人少之又少。我们看到的很多明星、模特、街拍达人的妆容和衣服，一看就是精心搭配过的。

凯特·摩丝则不同。她看起来就像是随随便便把几件衣服套在一起就出门了，看不出什么精心修饰的痕迹。发型似乎有点乱，妆容也不够精致，但有什么关系，穿着最简单的白T恤和牛仔裤，她照样光芒四射。

伊娜身上最难得的是她的无龄感。在我们的文化环境中，得体和合时宜这件事有点过分被强调了。从微信后台很多反馈来看，很多人太过自觉要求自己要穿（外界认为）适合特定年龄段的衣服。实际上，穿什么衣服，打造什么样的个人风格，年龄并不重要，个性、体型和气质更重要。

上次在巴黎时装周见到伊娜，我教她开微信号，注册时要求填写年龄，她非常坚持一定要选真实年龄。我说："这个随便填就可以了别人也看不到。"她说："不行，我一定要让系统知道我到底几岁。"

哈哈，太可爱了。

所以，她发出来的很多照片，头发一看就没有精心吹过，脸上的皱纹也不P，这反而让她灿烂的笑容更有感染力。

如果随时都在意自己的外表，是不可能获得真正的不费力的时髦的。

伊娜和凯特·摩丝身上都有很难得的真实感和生活感。虽然说时尚业是一个造梦的行业，但真的很感谢她们，让我们看到：在魔法妆容和闪亮衣服的背后，她们只是一个工作恰巧不太平凡的女孩，她们跟我们一样都不完美。

这恰恰是她们最迷人的地方。

Ines
de
la
Fressange

今天也要认真穿

掐指一算，我在微博上的私服打卡已经坚持大半年了，慢慢的，还有很多人陪我一起每天打卡。

一开始只是在微博上随手发了那天的对镜拍，后来大家起哄让我打卡私服，就硬着头皮试着打了几天。

虽然只是举起手机对着镜子拍个照，但我发现，自从开始打卡私服后，我整个人的改变还蛮大的，不只是在穿衣服这件事上比以前更用心，对盘活衣柜、对买买买也有了新的认识。

打卡两个月后，有一次崔斯坦突然盯着我说："你自从坚持发对镜拍后，比之前美了很多！"

哈哈。

其实我知道她在说什么。

每天发私服时，评论里都有人说："卡卡每天都穿得这么精致出门吗？"

很惭愧，在这之前，有很长一段时间并不是。

虽然我对穿衣搭配一直都很有兴趣，不然也不会开号专门写分享。以前不当博主的时候，没事就把家里的衣服翻出来搭来搭去，乐在其中。反而是做了全职博主以后，工作越来越忙，尤其是遇到出差连轴转，每天跟打仗一样，渐渐地，对穿衣也就没那么上心了，有好长一段时间都是抓起衣服就出门。

结果就是，衣服、包包没少买，但穿来穿去都是那几件。

那段时间去工作室，连助理小妞们都问我，怎么又背这个包，怎么又穿这一身。嗯，因为懒得换……

有次碰到一个很久没见的朋友，她说："你现在怎么变得邋遢了？"

我很不忿："有吗？！我怎么说也不至于邋遢吧。"

她说："当然不至于啦，但一看就没认真穿。"

人对自己的放弃都是从一点点开始的，这里标准降一点，那里降一点，整体的标准自然就降下来了。

以至于在没有拍摄，不忙的时候，我根本不会好好穿，慢慢陷入了一个恶性循环。

自从开始私服打卡后，哪怕是同一件衣服，我也会想想要怎么换一个搭配，让它穿出不一样的感觉。

可能有人会说，穿衣打扮并不是什么人生大事，搞得那么认真干吗呢？

这里我想举我妈妈的例子。

崔斯坦每次来我家玩，看到我妈咪总问："阿姨你今天穿得这么好看，是要去哪里吗？约了什么人吗？有什么重要的事吗？"

我妈咪说："我没有重要的事，也没有重要的约会，就不能穿得美了吗？我为了自己就不能穿得好看点吗？"

这个对话也是促使我专门开个"今天也要认真穿"的 tag 的灵感。

因为自从打卡后，每天再忙都会认真去想自己要穿什么，而认真选了衣服后，自然也会认真化个妆，认真选个包，认真吹个头发……当你对自己的状态很满意地出门时，那一天的心情都变得明媚了。

每一天都是回不去的昨天，早上起床花一点点时间用心打扮，就可以用最美的样子来迎接未知的每一天。

感觉自己每天都在被自己认真对待，这样的每一天都很值得期待啊！

CHAPTER

2

心爱的东西

生活中那些琐细的美和好，像美物、美衣、美景、美食，有时候能拯救人于灰暗。

吃难吃的食物，穿难看的衣服，蓬头垢面地出门，天当然不会塌下来，但是如果一直这么忽视自己的感受，就会变得对自己越来越没要求，一再降低底线，对自己的认同感也会越来越低。

用心对待自己，相信自己值得被尊重和呵护，才能感受到来自生活的美意。

心爱的东西之于我们

太宰治写过一句话："我本想这个冬日就去死的。可正月里有人送了我一套鼠灰色细条纹的麻质和服作为新年礼物，是适合夏天穿的和服。那我还是先活到夏天吧。"

有时候，毫无道理的东西能帮我们度过糟糕的日子。心爱的物品之于我们的意义，已经无法用理性的价值来衡量。

如果给我的心爱小物排个榜单，第一位是一张被单。

和价格没有关系，那是奶奶在我很小的时候亲手缝的。

人生最遗憾的事之一是没有陪伴奶奶度过最后的日子。但直到现在，无论我搬多少次家，无论多少次断舍离，都会带着她留给我的几件东西：一枚戒指，一张被单，一些零钱。

那张紫色葡萄图案的被单，因为盖上去太舒服，尤其是夏天，自带凉意，一度成为我和弟弟妹妹们每次夏夜睡觉的必争之物。后来我赢了，以睡不好为由，彻底把它占为己有。

这些年我一直把这张被单带在身边。它是我出行时行李箱的必备，直到前几年每次出差，我都带着它，在陌生的异乡，裹着它度过很多个难以安睡的晚上。这几年我不带它了，因为用得太多，它开始有点磨破了，不舍得再用。

前不久梦到爷爷奶奶，他们刚装修完房子，有一个巨大的客房，我建议让我的司机住过去既可以陪他们聊天又可以接送他们。他们很开心。我也很开心。

醒来想起他们已经离开我很久了，而我再也没有机会对他们好了。

十年前，我忙着没心没肺地工作和谈恋爱，总以为还有很多时间、很多机会可以陪他们，不用着急，最终却连他们最后一面都没见上。

那天早晨我在被窝里哭了很久。

手表的审美

你们可能会在这本书里，看到很多关于我和爷爷奶奶的故事，虽然我之前很少谈论他们。

我是爷爷奶奶带大的。爸爸在外地做生意，妈妈帮他，小时候我见到他们的机会并不多。

每年春节，总免不了一波回忆杀。去年春节回福建，我跟深八边吃宵夜边怀缅过去。他突然看着我的表说："你现在戴的表，跟你初中时爷爷给你买的那块很像。"

"你干吗老买差不多样子的表，之前整天戴的那两块也是长这样。"

是哦。他不说我都没有意识到，都是皮表带、金属盘。

我在读初一时拥有了自己人生的第一块手表，是爷爷买的。他说我长大了，要知道时间观念很重要，于是给我买了那块表。

爷爷是老红军，自己的生活过得简朴，但对别人却很大方。小时候家里条件还可以，他是我们那个地方的“知名人物”，几乎每天都有人上门来找他帮各种忙，他对谁都很热情。无论是亲戚，还是三轮车夫，来者不拒，一视同仁。以至于我中学时期，他都退休好多年了以后，走到哪里别人一听说我是他孙女，都会给我几分便利。

他对外人很好，对家里人却很严格。我们小时候都怕他。记忆中我唯一一次挨打吃板子就是来自他。因为我青春期时特别叛逆，有一次顶撞奶奶，被他狠揍了一顿。那次之后过了很久我都不和他说话。

所以，时隔多年，当深八说“爷爷特别疼你，我们都觉得不公平”时，我快笑死了。对了，我们是一大家人住在一起，小时候爸爸和叔叔都在各个城市做生意，各家小朋友都跟爷爷奶奶一起住。

“你想想，当年那么贵的瑞士手表，你都丢了好几块，每次一丢爷爷二话不说就给你买新的。”

说来好笑，不知道为啥，我初中时期除了叛逆，还很迷糊，整天丢东西。丢的最多的是自行车，其次就是手表了。每次丢了，爷爷也没骂我，隔几天又买回来一块一模一样的。

最后一块手表是在大学丢的。我不敢告诉爷爷。之后很多年我都没有再戴过表。

毕业好几年后，我自己给自己买了第一块表，来自 Omega 的蝶飞系列，皮表带、金表盘。买的时候并没有什么特殊情结，只是在众多表里觉得好看又符合预算才选中它而已。

后来我跟妈妈在瑞士旅行，她鼓动我买下劳力士的金表，说可以保值。买回来却戴得不多。日常每天戴的是比它便宜很多的另一块——在东京的中古店买的一块卡地亚的坦克，古着款，小小方形金表盘（比现在的改良款小很多），深蓝色的皮带子，八千多块钱买的，戴了好几年。后来它在一次出差时在酒店丢了，为此我还难过很久。

前年生日，我想送自己一份大礼。在巴黎出差时，我买了一块百达翡丽的金表。当时店员拿了好多块出来，有很多更贵更难买的，然而我还是选了这块。那位法国店员说，就知道你会选它，你第一眼看到它，我就知道这是你的“Crush”。

我以为只是因为合眼缘。

直到深八讲起来，我才明白自己为什么执着于这种样式的手表。

《哈利·波特》里有一句话：被那么深深地爱过，虽然那个人已经永远不在，依然留给我们爱的护身符。

哪怕他送给我的那块手表早就丢了，我的护身符却一直都在。

24 小时都戴的首饰

你们有没有 24 小时陪伴身边的东西，那种感觉带上它就能带来好运的小物？

我的贴身小物是手链。

某些方面我是有点“孤僻”的，一度连睡觉都要裸睡，敲键盘一定要取下手表和戒指，把指甲剪得光秃秃，完全不能理解别人戴

着各种首饰怎么能洗澡、睡觉呢。比如说，我每天都会戴耳环，没戴就感觉像“裸奔”，有时出门发现自己没戴耳环，还会狂奔回来拿。可一旦回到家，第一件事，就是摘下耳环等所有首饰。

但这几年，手链成了我的 24 小时贴身小物。

最开始是因为 Redline 红绳。

以前我是不带手链的。因为我的四肢很细，曾经被某前任形容为“小外星人的胳膊”。尤其是手腕位置，因为太细，我一度很自卑，连短袖都不大穿，手链、手表都很少戴，一是很少遇到刚刚好合适的，二是觉得既然那个位置不好看就不要突出它了。

直到买了 Redline 的红绳。

这个来自巴黎的品牌很多人应该都很熟悉了。试戴的时候，细细一根红绳子，上面连着一颗小单钻，戴到手腕上，发现本来因为太瘦而骨头突出的手腕变得秀气起来。

买下后，我就没有摘下过它。有好几年，我每天都戴着它，它非常百搭，搭配一些夸张的手环都有一种冲突之美。

红绳在中国有美好的寓意。很多人本命年都会戴根红绳“辟邪”，以祈求平安顺利，把不好的运气带走。其实不只是中国人对“红红火火”有执念，在西方，红绳也有着祈愿和守护的含义。不过，相比起这些，更打动我的，是设计师Laetitia的想法。她最初是受到耶路撒冷红绳的影响，才加入了钻石，得来了巴黎小红绳的设计灵感。她说："一开始的想法就是一条红色绳子和钻石结合，一刚一柔形成强烈的对比。"在她看来，绳线象征生命的脆弱，钻石代表永恒。

保持脆弱，选择快乐。

那也是我当时的心态。

后来我的手腕上又增加了另一位"常驻用户"，是来自QEELIN的葫芦项链。同样是小小的一条，上面有两个小葫芦，美貌的同时又有好的寓意。于我而言，它还有个特别的意义是，这是品牌当时跟我合作的独家限量款，全球只有18条，当晚发售半小时后卖完，也就没有了。所以我自己也"抢"了一条。

它和红绳在一起，陪伴了我好长时间。

它一度被我送人了。有一天晚上深夜聊天，他给我看他手腕上的伤疤，是跟别人打架留下的。我把葫芦手链取下来戴在他手上。因为当时那个人，对我来说非常重要。

去年底，我戴了很久的小红绳，在某次参加活动时被安检人员不小心剪断了。因为这件事，我把葫芦手链要回来了，对男人来说它确实太秀气。

诡异的是，那条葫芦手链，戴回我手上没多久，也在我们分手后的某一天丢了，我连什么时候掉的都不知道。

我相信物品是有灵性的。尤其是那些陪伴我们很久的东西，无形中已经跟我们产生了深刻的联结。

现在陪伴我 24 小时的贴身小物，依然是两条手链。是我在纽约时买的，依然是很简单的细链子，上面有个小小的字母牌，写着：Fortis et Liber。

这是拉丁文。意思是：强壮和自由。

另一条是来自 De Beers 的，还是细链子，上面是一个无限形的符号。生命的长度有限，但宽度和深度是可以无限拓展的。

我希望自己可以更强大地面对生活中的各种高低谷，活得更自由，更广阔。

或许有人会说这不是迷信嘛，一条手链并不会有这样的力量。我更倾向于觉得，这是一种自我心理暗示。

所谓的幸运小物本身并不会真的带来好运，但它们能让我们怀抱好的意念。

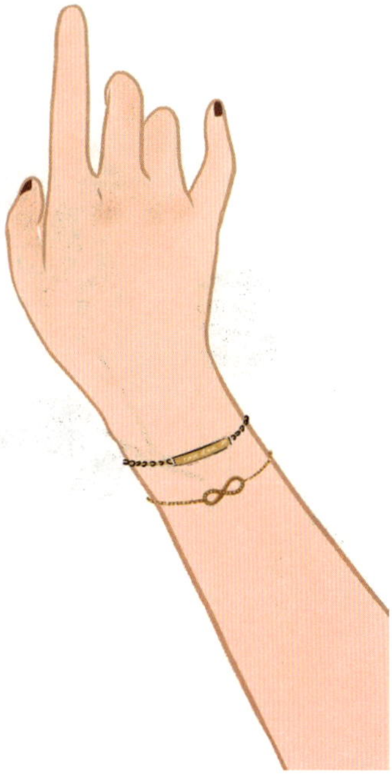

香味的魔力

最近爱用的香水都是玫瑰味的。不知道为什么，以前刚用香水时，只喜欢清冷凛冽的香味，最好不带一点甜味。这两年才开始爱上玫瑰味，不知不觉集了很多支。

香水的拉丁文 Perfumum 被翻译过来是：穿越迷雾。也许是年纪越大越发现，相比起冷淡疏离的灵魂，我还是更留恋新奇热闹的生命。

香味是回忆的线索。空气里的味道总能让记忆重新活过来。五月是黄昏海

推荐香水单品：dipt ique 的橙花、欧珑的赤霞橙光、爱马仕尼罗河花园、纳西素 f or her。

边咸咸又带点潮湿的味道，是暴雨过后鸡蛋花掉落的味道，是房间里点完的竹子味的线香刚刚被窗外的风吹开的味道。据说人的记忆里，气味比相貌更令人印象深刻，因为味道会直接刺激到大脑神经。

我甚至觉得，气味比经历对人的影响更深、更远。

去年冬天我度过了一段很难熬的时光：

晚上彻夜失眠。天光将亮不亮时，喝完两杯（或者更多）威士忌后，意识逐渐模糊，然后迷迷糊糊睡着了，当清晨第一缕阳光照进房间又醒了。

连续很多个晚上，不想回自己家。总是在妈妈家待到很晚。她也不问为什么，每天默默帮我煮艾叶水泡脚。我习惯边泡脚边吃一个她剥好递给我的橙子，看无脑的电视剧。泡十分钟左右，直到全身都暖和了。我磨磨蹭蹭收拾好东西回自己的家。走过小区的平台，晚风总是冷，又很温柔，我常常绕着小区走很多圈，走到微微出汗，再回家冲个澡。

后来我当然痊愈了。

但从此以后，每次闻到艾草和橙子的香味，我都觉得很安心。

如果我要出一款自己的香水，大概会选择两者混合的香味吧。

Perfumum

香水到底涂在哪里

✦ 我自己很喜欢把香水喷在手腕上，能随时闻到自己的味道。

✦ 耳后神秘性感～这里也是我经常喷的地方，很容易就能闻到香气。

✦ 涂在心跳的地方。

一点光一点热一点香气，日子总会过得去

我很喜欢香氛蜡烛，每次出差只要遇上喜欢的味道，好看的包装，都会不嫌重地扛回家。

有一回在纽约出差，那是一个很冷的阴天，外面风很大。忙了一整天之后，不甘心窝在酒店里，我就跑去 SOHO 区逛街，没一会就逛不动了，又冷又饿的我漫无目的地走进一家小店。当我推开店门的时候，一股暖香扑面而来。那一瞬间，所有的元神都归位了。

所以，我进门的第一件事就是问：你们店里点的是什么香？

然后立刻拔草，而且是同样的味道买了两个。那是美国品牌 PADDYWAX 的蜡烛。

我买的是他家的 Library 系列的 02 号。这支蜡烛是晚香玉和栀子、茉莉花的混合味道。不点燃的时候闻起来甜味就比较浓郁。点上之后，

整个房间弥漫着好闻的花香，味道偏暖，但一点也不甜腻。

他家这个系列都是以书本为主题，用不同作家给人的印象为灵感命名的。02 就是为了纪念简·奥斯汀，因为她是个典型的“宅女”，一直接受家庭式教育，一生都没离开过英格兰。所以它瓶身上面有一句简·奥斯汀的话：

“没有什么能比待在自己家里更抚慰人心。”

（There is nothing like staying at home for real comfort.）

自从入了香氛蜡烛的坑，我买过数不清多少个品牌、多少罐蜡烛了。但每次写到蜡烛，我还是会想到它。因为，我喜欢的很多香味，闻起来都是回家般的熟悉感和熨帖感；只有它，是远行，是出走，是陌生的空气里意外的甜。每次在家点上这支蜡烛，都让我想起那个纽约寒冷的冬天，这个味道曾经那样治愈过我。

有人曾在评论里问我：你有感到痛苦的时候吗？当然。

我常常有沮丧、低落、失眠、一点也不想努力的时候。但就像我的朋友说的，你这么忙、这么累都没有什么抑郁症状，可能是因为你的负面情绪都通过购物宣泄了吧。

哈哈，也不是没有道理。

但说购物是不准确的。应该是：生活中那些琐碎的美好，像美物、美衣、美景、美食，有时候能拯救人于灰暗。

相比起夏天，冬天和蜡烛更配。天渐渐冷下来的时候，忙碌了一整天，终于可以有属于自己的时间，裹着温暖的毯子，点上自己喜欢的蜡烛，窝在沙发上看书、听歌，或是什么也不做。

这是我一天中最安宁也最快乐的时光。

有光有热有香气，日子还有什么过不去的呢？

每天都坚持做的小事

又到了这样的时刻。

洗了一个温水澡，通体舒畅，然后开始在脸上和身上涂涂抹抹，这几乎是我一天之中最放松的时候了。

每次仔仔细细把身体乳一点点涂到身上的每一寸皮肤时，就像是自己跟自己进行了一场无声的亲密的交流。

我们对面子问题总是很在意的，多贵的面霜都舍得花钱，但对身上的皮肤，却马虎得多。所以我们会看到有些人，脸上油光水滑的，身上却粗糙掉皮。

不如在每天的日常皮肤护理中，分一点时间给身体吧。

一提到护理，大家首先想到的是护理产品。其实样养成好的护理习惯，比用什么护肤品都重要。选对好的、适合自己的产品固然重要。但有一点更重要，那就是：你真的能坚持吗？

再贵的身体乳，如果一个月才想起来涂一次，也不可能改善你的皮肤。而即使是婴儿油，如果天天涂，一个月以后皮肤也会有所改善。

我一直都是闽南话里说的“黑肉底”（天生肤质比较黑），脸上的皮肤因为作息不规律，到现在还是黄黄的。身上却比脸上还要白几个度，而且是前几年才白起来的。但我并没有用过任何专门的身体美白产品。日常用的身体乳也都是很常见且不贵的。秘诀就是：一年 365 天，天天涂身体乳。

坚持比用什么产品都重要。

我不是一个勤快的人，依照自己的经验，看起来比较难坚持的事情，可以通过一些方法让它变得更容易，比如物品的摆放位置。很多人觉得很难坚持每天涂身体乳，因为常常会忘了。我把身体乳放在浴室，洗完澡后擦干身子就涂上，一分钟都不用，有什么麻烦呢？觉得涂身体乳还要加精油很麻烦？只要把它们放在一起，加精油也是几秒钟的事？还有睡前涂润唇膏，只要在床边放一只，睡觉前涂一下，也就是几秒钟的事……这些，一旦形成了习惯，就像刷牙洗脸一样，变成生活的一部分了。

我之前一直有点轻微的干皮症，一到秋冬，皮肤掉皮就会很严重。但是坚持涂了一段时间的身体乳后，身上的皮肤明显改善了很多，如果不是突然进入特别干燥的地方，不会再干到掉皮了，而且还收获了变白这个额外红利。

说起来，无论是涂身体乳还是健身，或者是每天写写写，它们只不过是平凡生活里的小事。它们不会改变命运，更谈不上改变世界，对别人也没什么特殊的意义。但对我来说却意味着很多。比如说，这些简单的事情能够一天不差地这样坚持做，也让我有信心去面对生活中的其他事情。

除了坚持坚持再坚持，涂身体乳还要记得以下这几点：

不要因为天气冷，就把水温调得太高，否则会刺激皮肤，水温在40℃以下，38℃左右比较合适。

冬天也不要洗太久或者洗太多次，尤其是大干皮们，这样做会让皮肤更加敏感和干燥。

洗完澡就涂身体乳，不要怕麻烦，也不要想着等一会再涂，毕竟每次这样想着，到最后都会忘记。而且，刚洗完澡身上的毛孔还处于张开的状态，涂身体乳效果也会更好。建议把身体乳放在洗漱台上，洗完澡就会看到，用起来也更加方便省时。

如果觉得身体乳怎么都不够润，可以加点精油，它真的是沙漠皮的“过冬救星”。

特别干的地方，例如手肘、膝盖之类的，可以涂上身体乳以后，再用保鲜膜裹起来，等上二三十分钟再取下来，效果会更好。

不要忽视了身体皮肤的保养，它泄露的不止是你的皮肤状态，还有你的生活习惯和精神状态。

body
lotion

润唇膏

我这些年用掉的润唇膏，即使不能绕地球一圈，大概也可以绕广州一圈了吧！

真的记不清我用过多少支润唇膏了，总之很多很多。

每次我做"what's in my bag"（开包记），都会有眼尖的人看到，我的包里几乎都有两支以上的润唇膏。

除了包包，我的工作台、化妆台、茶桌、床头、车上等任何我常待的地方，都放着一支润唇膏，方便我随时拿起来就可以涂。我对它的需求是，一年四季，365 天，一天都不能少。

曾经和工作室的姑娘们玩二选一游戏，她们让我选，如果去荒岛只能带一样东西，润唇膏和口红，选哪个。我毫不犹豫选了润唇膏。大家都很意外，毕竟我是众所周知的口红控。

对我来说，润唇膏不像口红那样有强烈的个人情感投射，它是一种刚需。

小时候太臭美，偷偷涂口红，又担心家里人发现。每天都是出了门才偷偷涂上，回家前又赶紧擦掉。有阵子怕妈妈发现我包里的口红，就买那种变色口红来涂。但那个时候还没有保养意识，光顾着涂，没有做好卸妆工作，慢慢唇色越变越深，嘴唇也变得越来越干。现在只要一会不涂润唇膏，就干到掉皮，有时候手贱忍不住去撕嘴皮，撕得鲜血淋漓，非常可怕。

有一次跟朋友约好一起看电影，我开车去接她，在楼下等她时想涂一下润唇膏，结果发现，我那天居然没带，而且车上那支也找不到。一下子感觉整个人都不好了！

她一上车，我就跟她说，我现在要先去买润唇膏，买完再去看电影。因为怕赶不上电影，她劝我别去了，电影最多就两个小时，这两个小时你的嘴唇也不至于干成什么样，忍忍就过去了啊。

她没说服我。我还是先开车绕去了最近的商场买了一支润唇膏，才放心去看电影。

电影散场后，朋友跟我说的第一句话是，“你知道吗？我观察过了，你看电影时根本就没有涂润唇膏。而看完你就回家了，也就是说，没有润唇膏你也不会怎么样！”

错！没带它，我会很没有安全感！

单品推荐

作为一个润唇膏大户，我用过的润唇膏不计其数，贵的、便宜好用的、不好用的、大牌的、小众的……基本上只要听说好用的，我都会找来试试。以下五个润唇膏是我回购了 N 次的：

Dior 变色润唇膏

Lamer 润唇膏

日本淡唇纹润唇膏

资生堂防口角炎唇膏

木瓜膏

一支口红的快乐

有一天忙到精疲力尽，工作怎么也做不完，很多乱如麻的事情理不清。一想到这样的忙乱可能会长长久久地持续下去，我突然非常非常的沮丧。

干脆提前下班。走出公司的时候，推掉了原本跟别人约好的晚饭，漫无目的闲逛。刚好路过一个商场，我就想，不如进去买支口红吧。

于是，一支支选，一支支试，专心致志地把那些颜色区别很小的口红，逐个涂上嘴，这个不满意，擦掉，再试另一个……在试色过程中，其他的事情都被抛到了脑后。不知道过了多久，终于选到喜欢的颜色，付款买下，再认认真真涂上它，镜子里本来黯淡无光的脸重新恢复了光彩。走出商场时，我突然觉得：咦，心情好像没那么糟糕了。其实，该做的工作依然没做完，该烦的事还在那里，失去的爱人也不会回到你身边。它不会解决任何实际的烦恼，甚至连我们对它的喜欢都不一定持续太久。但为着那一刻的快乐，这就够了。

生活里的很多困局并没有那么容易突围，那些大的梦想也不知道什么时候才能实现，就连升职加薪都不一定是努力就能做到的事。而买支口红，小小地愉悦一下自己，却是很简单就可以得到的满足。

人人都需要这样的快乐。不一定是一支口红，也可能是一杯奶茶，一束鲜花，一次旅行。

Marshall

礼物

我和力力在公众号上有一个固定栏目，叫漫画小剧场。画的都是一些日常琐事。去年年底画过一个主题，叫“总有一些小事，让你瞬间开心起来”。

每年年关都难过。不知道为什么，那段时间身边不开心的人似乎特别多。某一次闺蜜聚会时，大家集体感慨，对成年人来说，“发自内心感到快乐”这件事真的越来越难了。

在无数个心情黯淡的时刻，曾经有很多人给过我力量和勇气，有安抚人心的交谈，也有沉默相对的陪伴。在那些时候，她（他）们是怎样照亮过我的生活，让我决定重新与自己握手言和，这个过程，真的很难用文字一一描述。

我试着以物品为线索，记录下那些瞬间：

这么多年来，试过很多方法，我的失眠问题一直没解决。后来我发现睡前喝一杯红酒可以让我轻松入睡，就这样养成了晚上喝一杯的习惯。

有一天晚上睡前开红酒，结果怎么也打不开，非常非常沮丧，就发了个朋友圈说：“连红酒都打不开的人是没有前途的。”

第二天，我收到一个礼物，是个红酒开瓶器。他还写了一张卡片：“换一个好用的开瓶器就可以解决的问题，不值得你怀疑人生。”

可能会画画的人比较敏感。

去年圣诞节那天，我收到儿力力的一幅画，是她抱着带着鹿角的我，站着一颗圣诞树前。当时我在东京过圣诞。她在微信上发给我，说：“卡卡圣诞节快乐（偷偷抱你）。”

那段时间，我照常工作，照常回公司开会，照常发推送，表面上一切如常，我以为没有人发现我的不快乐。

状态最差的时候，我躲在家不想出门，也不想见人。

某天早晨醒来，收到一束花。

上面有小卡片，写着“一切都会好起来的”，却没有署名。

我很快就猜到是王大R。虽然我们每天都见面，虽然她一直以谐星的形象出现。

但我一直知道她很体贴。

去年年底，在上海参加活动时遇到很久没见的雌和尚，她就坐在我隔壁，跟我聊了几句。也许是因为那天是上海最冷的一天，而我穿着短裙在外面站了近一个小时，非常非常的厌世。分开后，她发了微信给我：“我很喜欢你，可能你已经对你做的事情，有点厌倦了，但你还是带着很多人做了梦，也影响到了很多人。一切都会好的，加油啊！”

其实我们见面很少，也没有很多来往。回来后，我在日记上写下一句话：好感动，也好惭愧。我不知道自己状态差得这么明显。还是要加油呀！

当我从那个低谷里走出来后，无数次想跟她说一句谢谢，始终不好意思。我并不是一个很善于用语言表达感动的人。但我永远记得在我状态那么差的时候，来自同行的温暖。

我还记得那天活动结束回到酒店，上海下起了初雪，雪花在黄色的路灯下飘着，好温柔。

有一次出差，飞机滑行时，因为起太早加上机舱太干了，我一直低头揉眼睛，这时，邻座的人递过来一张纸巾说："姑娘，开心点，我们要准点起飞了！"那是我那段时间感觉最治愈的瞬间了。

从此我出门都会记得带上纸巾。因为我也想成为那种，在别人需要时，递过去纸巾的人。

那天跟很久没见的朋友约饭。

是很早前就定好的时间，谁知赴约前，我的脸上突然大过敏。因为不想爽约，我发微信让他做好心理准备，说："我的脸又红又肿，你可别嫌弃我。"

他回："废话少说，速来。"

到了以后，我又问："我是不是很丑，你可别嫌弃我啊。"

他翻了个白眼说："你本来也没多美，要做到不嫌弃你并不是很难吧。"

哈哈哈。

自从有一次我在推送里说，每次看到彩虹，都觉得会有好的事情发生。

从此以后，我的后台每天都会收到来自世界各地的彩虹。

你看，生活虽然总有一地鸡毛的时候，但也有很多让人会心一笑的瞬间。

夏日饮品一番

如果问我，什么饮品是夏日一番?

我必须投咸柠七一票!

每年夏天，买好了咸柠檬、七喜，才觉得可以更愉快地迎接广州的夏天了，苦夏似乎也没那么苦了~

因为入夏后老在推送里提到咸柠七，很多北方同学问我到底什么是咸柠七。其实嘛……就是咸柠檬加冰镇的七喜，在广东、香港这边的茶餐厅、奶茶店很常见。味道甜中带点咸和酸。天气很热的时候，一口下肚，凉爽又提神！我可以负责任地告诉你们，一个没有咸柠七的茶餐厅，是不合格的茶餐厅！

自己在家做也很方便。只要买好咸柠檬和七喜（或雪碧）。七喜和雪碧好买，咸柠檬就不一定了。

罐装咸柠檬，比较好的是香港兰芳园的，味道还不错，但它是没有汁的，而且好贵，五颗就五十多块。我最爱的咸柠檬，是在淘宝上买的潮汕人自酿的咸柠檬，超大的一罐，很多汁，味道够浓，放一颗就足以做出最好喝的咸柠七。

识别二维码，进入「黎贝卡的异想世界」
回复关键词"给生活加点糖"
获取书中高清插画

块，放进一颗咸柠檬，再舀一

喝到沁人心脾的咸柠七啦！

，气泡滋滋滋地冒出来，我都

Lemon

柠檬树

我其实很怕过夏天。

别的城市，夏天是火炉，而广州是桑拿房：在外面稍微一动就满头大汗，恨不得一天洗三次澡；头发留得不长不短，每天有1000次冲动去剪短；冷气房虽好，待久了又容易脚抽筋；一到夏天，发烧、中暑都是家常便饭；好不容易鼓起勇气遛个狗，连小福都不愿意出去了。而且，广州的夏天还特别长，一直要持续到十一月份。

真是漫长的苦夏啊！

对夏天的期待之一，来自于柠檬树。

最近让人开心的事莫过于，阳台上本来奄奄一息的柠檬树，又结果子了！

这棵柠檬树是前年刚搬进新家的时候，我在网上买的。

它是一棵有故事的柠檬树。

一开始它是放在室内的，过段时间之后有点蔫，我就把它放在阳台。结果没几天，它就被鸟儿筑了小窝，鸟儿们还生了蛋！

鸟儿在这棵看起来弱不经风的柠檬树上待了很久，终于在某一天，孵出了几只小鸟。初生的小鸟们也不怕人，我一走近，它们就伸长脖子想要吃的，超可爱。

可惜现在鸟窝已经没有了，之前下暴雨，有一只小鸟去世，鸟妈妈就带着其他的小鸟弃巢飞走了。

但每天早上，都会有鸟停在这棵柠檬树上，时不时叽叽喳喳，有时候还会把我吵醒。

坚强的柠檬树每年都结果子，别看它小小一棵，每次都能结满果子。

有天下午我正在练瑜伽，外面突然风雨大作。我赶紧飞奔到阳台，把柠檬果摘了。当时正在帮我纠正动作的瑜伽老师，目瞪口呆地说："你的点好奇怪啊……"

说起来有点惭愧，我因为太忙，其实并没有怎么悉心照料它。但它依然自顾自茁壮成长。

今年夏天，经过台风天的摧残，它仍旧结出了六七个果子，堪称"大丰收"了。

今天上午我把它们摘下来，洗干净，准备酿了来年做咸柠七。

手账是一种生活方式

在那些每天陪伴我的小物里，手账是其中必不可少的一个。

每一年开始，我都会在手账本上写下 10 个心愿。每年结束，再回头看看年初写下的心愿清单，到底有哪些实现了、哪些没有。

这个习惯持续了很多年，变成了每一年开始和结束的仪式感。

回头看看，手账真的帮我实现了很多心愿，包括那些从来没有想过能实现的心愿，比如拥有梦想中的衣帽间，比如见到木村拓哉等。

“手账”在日语里是“笔记”的意思，但手账并不是常规意义上的笔记本，它是集日程安排、备忘录、日记等于一体的超级笔记本。

一本小小的手账，对我们真的会有那么大影响吗？

用了手账以后对我的影响最大的一点就是：督促我完成自己的目标和计划。

每年年底和新年开始，我们都有很多新计划以及新设想。但日子过着过着，我们慢慢就忘了年初自己都有过什么计划了。

写下来就不一样了。

在新年开始的时候，写下一年的计划，比如说练出马甲线、考驾照之类，然后分配到具体的月份，比如在 1 月份的月计划里写上完成舞蹈班的报名；周计划就比较详细了，可以随着时间的推进，随时将要做的事对应写上。

将梦想 / 计划写在纸上，而不是埋在心里，会促使我们更努力去接近和实现它们。

手账还有一个功能就是帮我做好时间管理。

以前做记者，没有固定坐班时间，也没有固定的休假时间，每天的工作内容都不同，所有的时间都处在“不可预知”状态。长期以来习惯了先做手头的事，比如突然约访的一个并不重要的采访、比如别人临时拜托你帮忙联系某个艺人，等等。很多真正想做的事情就一直拖着拖着没做，比如准备了很久却没有成稿的重要专题，比如身体检查等。一年下来，明明觉得自己每天都很忙，但那些真正想做的事，却没有几件做到。

手账在一定程度上缓解（不是治愈）了我的拖延症。原因其实很简单，它改变了我的时间分配方式，不像以前那样优先做手头的事（紧急但不重要的事），而是优先做重要但未必紧急的事。

不知道你们是怎么写日程备忘的？我自己是粗放式的，不会在时间格上写下每个具体的事，而是按事情对我来说的重要性分优先等级来列。写备忘前，我会先在脑子里把信息过滤一遍，然后以此分配时间和精力。

如果你们看了很多手账达人的日记，就会发现，他们简直把写手账当作一门艺术。

我们未必要像达人们那样花那么多时间在手账上，但他们那种“用心安排自己的生活”的习惯，还是蛮值得学习的。

关于怎么使用手账，中国台湾和日本出了很多工具书，简直成为一门技能了。日本作家佐藤传曾在《晨间日记的奇迹》中提倡过“每天早上拿出 3 分钟来写日记”。

他说：“假如你想让 365 天，天天都变成纪念日的话，请一定要借用晨间日记来实现每日的纪念日计划。”他认为这样才能活力满满地开始新的一天。

我自己习惯在睡前写备忘清单。一般我都会先看一下当天的事做得怎么样，这样一来，自然形成每天总结和反省的习惯。一开始只是反省自己的时间管理方式，慢慢地习惯了对当天发生的事情做一个小小的思考和反省。这也会提醒我，更认真地对待每一天的时间。

平时看到或者想到什么，我也会随手记下来。每到年底，翻翻自己的手账本，回忆起很多或温馨或好玩或难过的瞬间，下一年自然也不敢随随便便浑浑噩噩地过了。

时间是不可逆的，我们度过的每一分每一秒都不能重来，而每一刻的时光和那一刻的自己，都值得我们好好对待。

鲜花永远让人心情愉快

连续很多天睡眠不足，加上重感冒，出差回来后我昏睡了一整天。

醒来收到一束花，特别开心发了个朋友圈："收到花的每一天都是值得开心的一天。"

很多人问我是谁送的，是不是特别重要的人，是不是有什么状况，让你那么开心。

可能让大家失望了，其实是合作的品牌送来的。但这不重要。

鲜花永远让人心情愉快。

印象中，从小家里基本没怎么插过塑料花，要么就是买，要么就是自己种。后来我们搬到广州，这是一个到处都是花的城市，品种多，便宜，且四季都有。一大束姜花只要几块钱。这是我热爱这个城市的原因之一。

以前还没这么忙的时候，我会时不时去花店或者花市买花，从去的路上，到挑花，再到回来把它们插到瓶子里，整个过程都非常愉悦和满足。去国外我也很喜欢逛花店。

家里几乎没有断过鲜花。现在太忙了，去花店的时间越来越少，就在网上订花。每次回到家，再累，看到那些花开得生机勃勃，就觉得恢复了一半的力气。

那么多花里，我最喜欢：山茶花、昙花和木棉。

小时候家里自己种花。我最喜欢的是茶花和昙花。白色的山茶花太美了，所以每次下大雨的时候，我会跑去院子里看白茶花有没有被雨打落，后来发现它们看似娇弱，其实很扛得住风吹雨淋。夏天的昙花，则让我知道，原来花开是真的有“砰”的一声，那不只是一种形容手法而已。

可惜它只开一晚（后来知道只有几个小时），晚上有多盛放，白天就有多凋零。

我小小年纪时和现在不同，当时可多愁善感了。第一次发现它的美那么短暂时，我特别难过，马上宣布不再喜欢这个花了。

我小姑专门拿着一本植物书给我科普，昙花并不是那么脆弱的植物，凋谢的花会长成另一片叶子，摘下来则可以做药煲汤。听完我觉得我又可以重新喜欢它了。

来到广州后我爱上了木棉花。有一天推开窗，我发现窗外那条路美了很多。原来是路上的木棉开花了。冬天花朵和树叶全都掉光，剩下光秃秃的枝丫，你无法想象一到春夏，木棉花会那样盛开，一树嫣红，甚至不需要绿叶作配。本来热烈的红色，竟然可以那么沉静从容，带来一种安全感。

美好的东西又不易碎的那种安全感。

每次回到家，再累，看到那些花开得生机勃勃，就觉得恢复了一半的力气。

住得舒服是一件太重要的事

这段时间，我又寻思着把家里稍微换个装修。

稍微，也就是贴个墙纸，装个壁炉，把影音室弄起来……听完我的“小计划”，崔斯坦翻起了白眼：“这叫稍微弄一下嘛，这是大工程了好嘛。你怎么那么爱折腾啊！”

我确实挺爱折腾的。这套房子装修时，我就想着这次一定要尽量满足自己对家的所有愿望，因为短时间内，我应该不会再搬家了。

毕竟为了把它装成我心目中的样子，我在酒店住了大半年。

毕竟为了它，我把原来的墙都砸了，家具也是在忙碌的日程里，抽出时间来，和设计师一起一件件选的。

毕竟我搬家已经搬到连我爸爸妈妈都怕了（福建人家庭观念很重，一家人一定要住得近，所以他们跟我一直都是“一碗热汤”的距离）。有一天妈妈终于对我发出了“灵魂拷问”：“短短几年，连我们都跟着你搬了好几次家了。你到底是爱买房还是爱装修？”

很多人觉得装修是件很麻烦很累的事。我却乐此不疲。

就算不是搬家，我也会每隔一段时间，就把家里折腾一番，换换新样子。

家居装修和穿衣打扮都是一种自我表达，有时家居装修甚至比穿衣打扮更能体现一个人的审美、喜好和个性。

我装修过三套房子。

第一套房子是刚毕业时买的。当时我是“彩虹女郎”，只想与众不同，最爱把各种乱七八糟的颜色穿在身上，那个小房子用的颜色全是紫色、粉红、玫红（可惜找不到照片了），配色之大胆，导致每个到我家玩的人，都倒吸一口气。

第二套房子是中式和日式的混搭风格，有点冷淡的舒适风。当时我正处在一个调整期。工作了好几年，铆足劲奔跑了好几年，突然觉得有点累，想停一停。于是卖掉市区的房子，搬到了郊区一个带院子的一层，养了狗，过上了我人生中非常非常少有的一段“慢生活”。

我还记得有一次和朋友一起到一位很有名的书法家那里求字，

本来我只是去凑热闹的，没指望求字。因为聊诗词聊得开心，他心情大好，很大方说给我写一幅。问我写什么。我想都没想，就说：心远地自偏。

他当即说：“你这才几岁，就想心远地自偏？我都70多岁了还恋恋红尘呢。”于是他没理我，自顾自给我写了一幅别的字。

不知道为什么，这句话像一声棒喝，突然把我从那个状态中拉了出来。我很快结束了持续很长一段时间的迷茫和徘徊期。

是啊，来到这人间，不痛痛快快笑过、哭过、爱过，不在水里、火里、汤里挣扎个几回，怎么能甘心。

没过多久，我开了公众号，热恋般投入在这件事情上，后来决定搬回市区。

现在的房子，你们都看过了，大红大绿，粉墙白窗，彩色玻璃……热热闹闹，但却让我无比放松。

每一次搬家或重新装修，都是一次告别，和过去的环境，和过去的自己。说不留恋是假的，但从来没有后悔过。

住得舒服的标准

每次有人问我喜欢什么风格，我都会说：自己喜欢，住得舒服就好。

这是真话。

无论什么样的房子，别人怎么看并没有那么重要，关键还是自己住起来舒服。

住得舒服的标准，每个人的定义不同。

我的标准是：

✦ 要能照到阳光。从居住的角度来说，光线比大小和位置对我还重要。一定要有一个房间，醒来打开窗就能看到阳光，这一天的心情都会随之灿烂。在我家，这个地方留给了洗手间。因为我每天醒来第一件事是去洗手间，每次看到阳光透过窗户洒进来，都觉得这一天充满希望。

✦ 不能潮湿。广州地气热且潮湿，回南天更是让人崩溃。之前住郊区的一楼，其他各方面都很好，就是太潮湿，每隔一段时间包包、鞋子上全都长毛了，光是护理就费了老大劲。潮湿的空间让人很没精神，空气里都是霉味，想想都怕。所以换房时我坚决不选低楼层，不选北向。

这是我在广州也装地暖的原因。很多人笑我在南方也装地暖，其实它真的很实用！回南天开一下会让家里没有那么潮湿。广州的冬天又湿又冷，待在家里时脚底永远发冷。有了它就算冬天也可以光着脚穿着最舒服的衣服在屋里待着。

✦ 淋浴头的出水量要大。每次去看房，我都会打开屋里的水龙头看看。自己装修时也在选水龙头和淋浴头时下了重本。四脚浴缸是浪漫的梦想，但是好的淋浴头是实在的日常。这一年来因为环保的问题，我很少泡澡了，特别累时才奖励自己一次。但每天洗澡时，当淋浴头的水花洒到身上，一天的疲惫和紧张甚至坏心情，都得到了缓解，身心舒展。有时候住酒店遇到出水量小、花洒设计不好的淋浴头时，就算其他方面再好我都会给这家酒店扣很多分。

✦ 要有阅读角。不一定要有书房，但一定要有个阅读角。只需要一把舒服的椅子，一盏灯，最多再加一个小小的放茶或酒的小桌子就够了。它可以在客厅、卧室甚至在厨房、走廊。总之再小的家，都需要这么一个角落，让我们可以坐下来，好好看一本书，或者只是发个呆。每次我家里的这个角落，都是我待的时间最长的地方。

✦ 房间可以小，但床要大。南方人讲究聚气，房间要小，否则人的精气神容易散掉。我以前是不相信的，上一套房子睡房就很大，后来发现确实睡不好，也很浪费，因为我每天只有睡觉时才回房，工作、阅读、看片全是在客厅。现在的房子特意把睡房改小了。只放了一张大床，一个床头柜和一把椅子。房间可以小，但床一定要够大、够舒服，毕竟人一生有三分之一的时间都在床上度过啊。我睡觉很老实，总是窝在一个角落一个姿势睡熟了直到醒来。但我还是需要一张大床，哪怕只是为了偶尔的那么几次，在床上舒展四肢。

✦ 要有一张舒服的沙发。我坐不惯木头沙发。哪怕很多人跟我说买木头的才保值，我也是听听就算了。传统的中式椅子和沙发虽美，但本来就不是为了舒服而制作，而是为了让人坐得端正、符合礼仪。现代人很少在家会客了，除非很熟悉的人不然一般不会请到家里来。我喜欢的沙发，除了貌美，还要够宽、够大，最好是皮的，不能太软也不能太硬，坐下去整个人刚好窝进去的那种感觉最好。家里的两张红沙发都是我寻寻觅觅很久才买下的。

最近出了一趟长差，凌晨三点回到家，痛快地洗了个澡，然后在起居室的红沙发上“葛优瘫”，听歌，喝一点酒，全身心都松弛下来了。

住得舒服真是一件太重要的事了。

只要想想在这个动荡的世界里，还有一个完全属于自己的角落，可以让我们尽情撒泼打滚，就值得为它多花精力。

漫画里的沙发来自Natuzzi。这个红沙发，就是有一天逛家具城，在Natuzzi试坐了一下，就念念不忘。有一天再去看到它在打折，赶紧定下来。那是在我搬进现在这个家的6个月前……哈哈。

家是生活的博物馆

很多人问我：你家的装修是什么风格的，欧式还是美式还是其他风格？我都答不上来。从红沙发开始，我脑海里对想要的家的样子有一幅图，但并没有具体形容它是什么风格。

有人说红墙绿沙发是欧式风，但我家里也有一扇岭南特色的满洲窗；有人看到那个伊丽莎白时期的小柜子，觉得我家是复古风，但它对面就摆着美式工业风的大桌子。除了必备的大件，还有不少从各地淘来的好物，就更加风格各异了，有二十世纪三十年代的手作娃娃，有日本淘来的银扇子……它们都是这些年我在各地出差搜罗回来的，跟随我从一个家到另一个家。

我常常说，家就是生活的博物馆，从这里可以看到我们走过的路、去过的地方，以及一点一滴的生活经历。家装也没必要拘泥于某种风格，放满自己喜欢的东西自然成为我们的风格。

说到底，家居装修和穿衣打扮一样都是一种自我表达。有人喜欢家里空无一物，有人喜欢热热闹闹的像杂货铺；有人喜欢把家里搞得金碧辉煌像皇宫，有人就爱原木水泥地的自然原生感。有时候未必关乎审美，而关于个性。

最近，我对这件事有了一点新的认知。

我有个出了名能干的朋友，把全屋刷成芭比娃娃粉，到处摆满了她喜欢的芭比娃娃和hello Kitty，她几乎不请别人去家里玩。以至于有一次她的助理去她家帮她拿东西时，倒吸了一口冷气。她第一次发现自己那个几乎只穿黑白灰，平日总是风风火火说一不二的老板，原来还有这么少女心的一面。

从星座的角度来说，穿衣打扮代表了我们的太阳星座，也就是我们显在的个性；家居装修则代表了我们的月亮星座，也就是我们潜在的隐藏个性，不愿意公开示人，却往往体现了真正的需求。

很多人说装修是妥协的结果，尤其是一家人住时不能只考虑自己的需求。但妥协，包括在什么地方妥协，其实这也是隐藏个性的一部分。

旋转木马情结

我很喜欢旋转木马。

每到一个城市，只要有旋转木马，我都会专门跑去坐。

戛纳电影节会场旁边就有个旋转木马，第一次路过时我就跟宋宋说，等哪天没人时我们去坐。但那里每天都很多人，待了十来天一次也没坐成。

电影节结束后的第二天，我一个人坐车去了尼斯。走去海边时路过一个街心公园，那里有一个很大的旋转木马。那是周末傍晚，空荡荡一个人也没有，连木马都不营业了。

我厚着脸皮，去找管理旋转木马的人，让他帮我开一下，他居然答应了。于是我交了1欧元，一个人坐上了那座旋转木马。

黄昏的公园很安静，晚风清凉，音乐是那种随处可以听到的游乐园曲子。

正当我转啊转啊的时候，突然来了很多小朋友，闹哄哄地也嚷着要坐。有个看起来大概五六岁的小女孩，应该也是游客，她爸爸想带她离开，她很生气，指着我用英语跟她爸爸说：她那么大了也可以坐，我是小宝宝更应该玩！

我又多交了1欧，混在一堆小朋友中间又玩了一遍。画面也是有点不忍细想。在孩子们的咿咿呀呀的笑声中，简直快乐到没心没肺。

喜欢旋转木马的人里，最夸张的可能是迈克尔·杰克逊，他喜欢到真的在家里给自己造了一座旋转木马。

朱天文在《荒人手记》里写过：

“麦可对着摄影机介绍他的旋转木马跟摩天轮，灿晶晶开亮着似两盘钻石坐落于黑绒夜幕中。他说他有时会半夜一人去开旋转木马骑，天啊这是我所见过最最寂寞的人。”

我家里也有一座“旋转木马”！不过是个音乐盒，是我去年的生日礼物。比真正的旋转木马当然小很多，但比一般的音乐盒大很多。我把它放在起居室窗台上。

时不时，我会把它打开，看它转啊转啊。

其实，喜欢旋转木马的人倒不一定是因为寂寞，有时候只是因为坐在上面或者看到它们的那一刻，那种可以暂时逃离现实生活的感觉。

今年关于旋转木马最难忘的回忆，是帮今日头条拍广告，遇到一个特别认真又好玩的导演组。他们在我家里看到那个旋转木马音乐盒后，知道我很喜欢旋转木马，就在香港紧锣密鼓的拍摄行程里，专门加了一个旋转木马的环节。

那天香港又冷又下雨，我们在拍完既定的环节时，已经是晚上十点多，连续拍了十来个小时，所有人都累趴下了。他们突然跟我说：现在我们去坐旋转木马吧。

就这样，我们一行人提着各种器材，冲到了中环的一个有旋转木马的公园，当时公园马上就要关门了。工作人员刚刚把木马锁上。

费了好一番口舌，他们才把票卖给我们。终于坐上了那座旋转木马，在音乐响起，开始旋转时，感觉好几天的疲累瞬间消失，我就是那个没有忧愁的小女孩！

虽然后来这个镜头并没有被用到广告里，但这段回忆却值得珍藏。拿到导演组抓拍的照片，每一张，我都笑得超开心。

王菲有一首歌叫《旋木》，有一句歌词是：“旋转的木马，没有翅膀，但却能够带着你到处飞翔。”

人生就是一个大的游乐场，音乐停下来，我们都将离场。但既然来了，就尽量玩得开心点吧。

Miss Fantasy

CHAPTER

3

买买买这件小事

很多人说，跟着我买了很多很多东西后，感觉生活都变美好了。

也有人说，推荐的有些东西不实用啊，为什么要把日子过得那么复杂。

因为，很多时候，就是这些看起来没什么用的东西，才让我们的日子过得更加有滋有味，有声有色。

用《小王子》里的话来说：是它们，使某一天与其他日子不同，使某一时刻与其他时刻不同。

让生活变得美好的不是东西本身，而是我们的心态。把寻常日子过得有声有色，不一定需要很多钱，但一定需要足够的热情。

买包最快乐的时刻

每次写包包，都有人在评论里或留言里说：“卡卡，好羡慕你，你现在是不是看中什么包，都可以不看价格，随心所欲买买买？”

哈哈，这当然是一个误会。不过，我并不觉得，可以随心所欲买买买，就很快乐。

中学时，我曾经为了买一个心爱的书包攒了很久的钱。到现在我都记得那个书包的样子，第一眼看到就有“非它不可”的心动。

当时回家跟妈妈说起想要这个书包，她说：“你自己有钱就可以去买啊。”我的零用钱是固定的，一下子也拿不出那么多钱。于是，我开始为了它“省吃俭用”。以前喝饮料、买各种小玩意时不会想那么多，但一想到那个书包，我就把这些钱省下了。

攒了几个月终于攒够钱，第一件事就是跑去店里买下那个书包。我不会告诉你们，每天放学我都会跑去看那个书包有没有被卖掉。后来那个书包我连续用了好多年，直到上大学前因为实在太旧了才没再用。

我人生中第一次想拥有的一个大牌包包，是 Chanel 的 Classic Flap。

大学刚毕业没多久，当我穿着夸张却自以为时髦的衣服，背着自以为有型的超大包包，在某个采访现场时，看到有个女孩施施然从我面前走过，她背着一个黑色牛皮的小包，金色的 Chanel 扣子正在闪闪发光，整个人看上去是那样的精致和气定神闲，让我自惭形秽。

看看自己那个因长期装电脑、笔记本、资料而被撑得变形的硕大包包（上面还有很多圆珠笔痕），我做出了理性的判断：这一定是因为她背了一个 Chanel 包包的缘故！所以我必须给自己买一个！

当然，我很成熟地在这个目标前加了个期限：等我生日的时候就买，我才没有丧心病狂到在月薪只有两三千时就随便买 Chanel 呢。

可是，生日比我想象的来得快太多。

刚变成“房奴”不久的我，默默查了下自己卡里的余额，安慰自己：再等一等吧，等卡里的钱足够就买。

决心之大，以至于我真的存了一段时间的钱，当我再次站在香港的Chanel专卖店门口时，还给自己鼓了鼓劲：就算这个包再贵，你也值得拥有！没一会，我就灰溜溜地出来了。因为钱不够，它又涨价了。

那一次，我做了一个重要计划：我要存一笔Chanel基金。一有余钱就存到基金里，直到存够买这个包的钱为止。在此期间如果买了别的包，就从这笔基金中扣除。为此，我还特意下载了一个记账软件。

当我把这个计划告诉身边的朋友们时，她们都被我的决心感动了。

这个超励志故事的剧情发展是这样的：从第三个月开始，我的Chanel基金就开始处于负数状态。女人应该对自己好一点不是嘛。所以，虽然没买成Classic Flap，我却买入了各种它的“替代品”：比Classic Flap实用的LV大包、形状和它很像的Dior小包、同样有金色链条的Ferragamo小包……

直到有一天，当我发现Chanel基金里的亏空金额已经足够买好几个Classic Flap，而该死的Classic Flap居然还在不停地蹭蹭蹭涨价时，我终于忍无可忍，在一次去巴黎出差时，冲进了Chanel店里……

然后，我买了一只限量版的Boy。

在Classic Flap和这只第一眼就吸引我的目光的Boy之间，我纠结了还不到10分钟。直到那时我才发现，原来我早就不再喜欢Classic Flap的样子了——街上那么多女孩都背着它，那么平淡，那么乏味。而那么久以来，我执着的究竟是一个Classic Flap，还是某一种情结，连我自己都分不清了。

现在，我已经拥有了很多个我喜欢的包包。但攒钱买包的那种期待，拿到它后的满足感和甜蜜感，现在回想起来，还是觉得很动人。

所以说，买包最快乐的时刻，就是你踮踮脚，咬咬牙，才能买下的那个阶段。

买不买包，对我来说真的有那么重要吗？并不是。

但我喜欢这种有所期待的感觉。无论是什么样的期待，即使它再小，在别人眼里再荒诞，朝着它努力的那些日子，回想起来都会闪闪发光。

关于包包的浪漫故事

以前我非常不理解很多人对爱马仕包包的迷恋。

我有个痴迷买爱马仕的朋友曾经总结过买包的几个境界。

最高一层就是：买爱马仕。

她还说，一旦开始买爱马仕就回不了头，她就基本不怎么买其他包了。

我认为这是某种包包消费的金字塔或鄙视链，爱马仕因为贵和饥饿营销位于最顶端。

我也喜欢爱马仕。和很多人一样，我对它的喜爱是从配件开始的。最早是一条围巾，不是它家常见的印花丝巾，而是羊绒和真丝织成的素色围巾。朋友送了我一条，暗紫色，无LOGO，看起来毫不起眼，围上就惊艳了，无比柔软的触感，又宽又长，但确实是传说中可以穿过戒指的那种，可见它多轻多薄。我几乎一年四季出门都带着它，在夏天的冷气房、长途飞行的机舱里，每次围着它感觉就像被一团柔软的云围裹着。用了很长一段时间，我忍不住跑去爱马仕再买了一条。那时我才发现这么不起眼的围巾，居然要卖七千多块钱。

但我没怎么犹豫就买下了。因为那时我已经太知道它的好了。

就这样入了爱马仕的坑。从它家的各种围巾、披肩、家居毯，到杯子、香水、首饰、摆件……这些年买的各种小东西足以出一个“爱马仕配货大全”了。

包包也陆陆续续买过几个，菜篮子、toolbox、手枪包等。在店里或机场免税店看到有现货就随缘买了。品质是真的没得说，实用也确实很实用。

但最著名的Birkin和Kelly，虽然包包本身的故事非常打动我（无论是简・伯金还是格蕾丝・凯利，都是我非常喜欢的时尚ICON），但我一直没入手。虽然爱买，但为了一个包去门口排长队，或者看销售人员的脸色由他们来指定我必须买什么，这样的购物体验，到底有什么乐趣呢？！

我买的第一个Kelly，是在东京的古着店Amore买的。那是一个红色的迷你款，非常非常美，虽然是二十世纪八十年代的旧物，但它就像一个被岁月厚待的美人，没什么时间的痕迹，时间仿佛只是给它打上柔光，让它的美不再那么刺眼而已。

只看一眼我就被迷住了，满心欢喜买了回来。

结果在一次拍广告时，我拿着它正自我感觉良好地走着呢，它哐当一声掉了，包带居然断了！当时摄像机正跟着我，那个囧啊！捡起来以后，我有点不知道该怎么办，因为之前拍的所有镜头都拿着它，后面也要连戏。西西只好直接拿着针线硬把它给缝起来了。

虽然很囧，但还是得替它说一句公道话。这不是包包质量的问题。了解古着的人就知道，存放年代很久的包包都容易有这个问题，因为皮放久了很容易坏。尤其是放久了又被重新频繁使用，损坏的几率是很大的，所以买古着时一定要慎重。

拍摄回来后，我专门问品牌公关，像这样的情况，还能不能修。得到的答案是：可以送回去修，但每一个 Kelly 和 Birkin 都由不同的工匠负责，维修时要看包包具体的损坏情况，有些包可能需要找回对应的工匠才能修好。

而我那个包因为是二十世纪八十年代的，不知道那位工匠还在不在。

老实讲，听到这个答案时，我是将信将疑的，毕竟鲜有那么多包包被生产出来，怎么确保能找到每只包对应的工匠呢？所以我并没有把包包送回去修。

后来有机会参观爱马仕在巴黎的工坊，亲眼看到工匠们一针一线地缝制包包。每位工匠都有自己的一套工具，他们缝制一个包包需要 15 个小时，每个包包除了皮革切割外，剩下的制作和维修都是由一位工匠来负责，目的是保证工匠对这个包包投入百分百的热情。每个包包制作完成后，工匠会在包包上印下自己的名字，这是为了保证之后包包需要维修时得以被送回制作它们的工匠手中。

这个做法在我看来真的非常非常浪漫。

自己给自己买钻石

首饰里的基本款，钻石耳钉算一个。

属于经典永不过时，还可以传给下一代的投资。

小时候看妈妈每天戴一对小小的钻石耳钉，就掰着手指算什么时候能“继承”它。然而妈妈对那对耳钉的爱一直没有褪色，还屡次在我虎视眈眈时警告我：这对耳钉我自己会一直戴的！

所以我暗暗下决心要自己买一对。

毕业第一年领到了第一笔年终奖，去香港逛街时我就去了周大福，想买一对钻石耳钉。在店里，男销售把钻石耳钉一对对拿出来给我试，从大到小，不厌其烦。但即使是最小的，当时的我也负担不起。

大概是看出了我的窘迫。那位可爱的销售，果断地收起所有的钻石耳钉，拿出来几对珍珠耳钉，对我说："女孩子买什么钻石，钻石应该等别人送！自己买就买珍珠。"

很好地替我解了围。

买单时，他特意指着珍珠耳钉上那颗小到不能再小的碎钻说："你看，这里也有钻石的！"

尽管丢三落四的毛病一直没改，但这对珍珠耳钉，过了十多年，我还小心翼翼保存着。那既是我对自己的第一个奖励，也是来自陌生人的温情，值得念念不忘。

去年在纽约，我终于还是买了 Tiffany 的钻石耳钉。它家最基本的款，也是我最初看中的款式——简简单单的金边包钻石。不算大，但很适合我。

它是在纽约第五大道上的那家 Tiffany 被买到的，那里也是赫本的《蒂凡尼的早餐》的拍摄地，我几乎每次去纽约都会去打卡。里面那个温情的段子大家应该都记得吧。他买不起店里任何一款戒指，和店员寒暄半天，掏出自己带来的一枚银戒指，问店员能不能刻字。那位上了年纪的老先生本来想拒绝的，但听他们说这枚戒指是买巧克力送的，就贴心地帮他们刻了字。这位可爱的老店员在那时陷入了一个柔情时刻，"原来现在买巧克力仍然送戒指，这使人觉得，旧日子没有变。"我在这里也受到了同样温馨的对待。

接待我的店员是在这家店工作了几十年的老太太。在我试戴各种不同大小的钻石耳钉时，她一直很耐心地告诉我：你脸小，戴小一点的钻石更秀气；不要迷信大钻石，大的不一定就好，适合你的才是最好。

是啊，有什么比旧日子原来没有改变更浪漫的事呢？

说起来有点好笑。这是我第三次走进这家 Tiffany 试戴这对耳环了。但前两次，总有心魔，想买的时候就想起香港那个店员跟我说的话：“女孩子不要自己买钻石，要等别人送。”

而这次买下它的时候我毫不犹豫。因为当时我已经心境澄明：自己有能力给自己买，为什么要等别人送呢？

十年前，我刚刚当上电影记者，和现在一样忙，比现在焦虑，也更急于证明自己。十年后，长发变短发，整完牙更是笑得没心没肺。

最值得欣慰的是：更知道自己想要什么，基本不再在意别人的眼光了。

自己就能给自己十足的安全感。

购物的甜蜜点

总是有人问我："咦，怎么你现在还需要自己买东西吗？"

老实讲，自从当上了时尚博主，并且"带货"能力被广为传播后，我几乎每天都会收到各种各样的礼物，包括节日礼品、品牌新品，以及无数希望我试用后做推广的产品等。

这些东西，很多寄来后就会直接进入我们的仓库，作为员工和读者福利，那些试用过的，就在工作室直接断舍离了。我真正拿回家的少之又少。

一方面，我小心翼翼地保持分享的初心：真的觉得好用才分享，真的需要才去买。另一方面，我很珍惜购物过程享受到的那个甜蜜点。

甜蜜点来自一个高尔夫术语——"Sweet Spot"。每支球杆的杆头，都有一个用于击球的最佳落点，不同的击球手，有不同的落点。击球而出的瞬间，杆头和球碰撞出最为甜蜜的美好感觉的那个点，是为“甜蜜点”。

每个人购物的甜蜜点不同。

有人享受的是购物之后拥有某个物品的满足感。前几天做了个线下见面会，讨论到买包的问题，有个女孩说：“虽然经济情况还不错，但我并没有买很多包，因为我想把买下一个包之后那种开心的感觉尽量延长一点。”

有人的购物甜蜜点，就在开开心心刷卡的那一刻。有一次陪深八去爱马仕，我随手指了一个酒红色的包说，这个包蛮好看的，适合你。没想到他立刻让店员拿下来，试了一下，就跑去买单了。速度之快，快到我都还没听完店员报价格。回去的路上，我问他干吗那么快就买。要知道，他一年到头也不逛一次街买一次东西，成天不修边幅，穿得破破烂烂。

他边开车边说：“买东西最爽的瞬间，不就是只要喜欢不问价格就买下的那一刻嘛！毕竟这是我一年一次的购物行为，这样才爽。”

很长一段时间，我购物的甜蜜点，都是在于一个很纠结的过程：看中一个东西，很喜欢，但它并没有在购物计划里，不确定自己是不是真的需要，很犹豫要不要买下它，忍不住去看了又看，觉得好像超预算了，而且说不定过段时间就不喜欢了，说不定它还会打折呢……终于忍住没买。回来以后，想了又想，觉得越来越喜欢，还是应该把它买下来的，既然喜欢又负担得起为什么不买呢？终于，在完成某个特别难的目标或者做完一件让自己很满意的事情时，趾高气扬走进店里，把它买下。

我的直男朋友说，购物心理某种程度近似于恋爱心理。在恋爱里，每个人的“甜蜜点”也不同。好像很有道理，我的恋爱甜蜜点，很多时候存在于对一段亲密关系的期待。

近来我的购物甜蜜点发生了变化。不知道从什么时候开始，我在购物过程中最愉悦的感觉，来自那个拥有某个物品后，反复使用，每用一次都觉得更喜欢它一分，用了一段时间，有点磨损有点旧了，更加觉得要珍惜它的过程。

这让我慢慢养成一个习惯：东西不再随便买，但也绝不愿意将就，买了就会一直用下去。宁愿买的时候肉痛一点，但知道它们会陪伴我很长时间，就觉得很值。

抱着这种想法买回来的东西，每次用都让我觉得很开心。

跟儿力力讲起这件事，她说：“对哦，我们小时候一个玩具可以玩很多年，但现在我们太容易拥有新的东西，快乐的时间也变得很短暂。”

到目前为止，陪伴你最久的物品是什么？你有好好对待它吗？

miss fantasy
Welcome

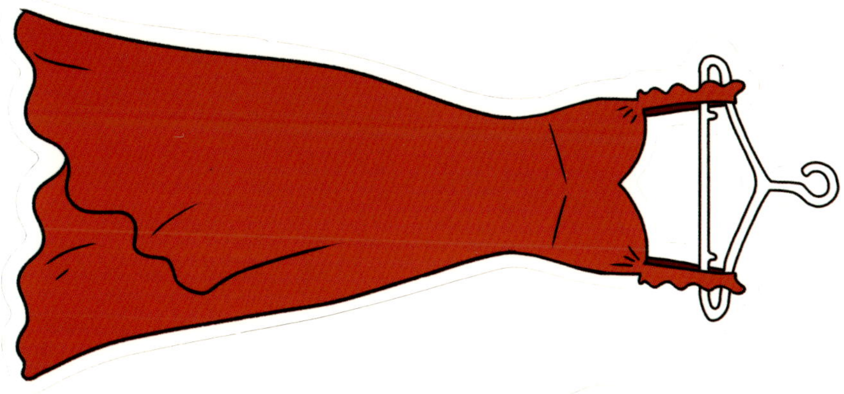

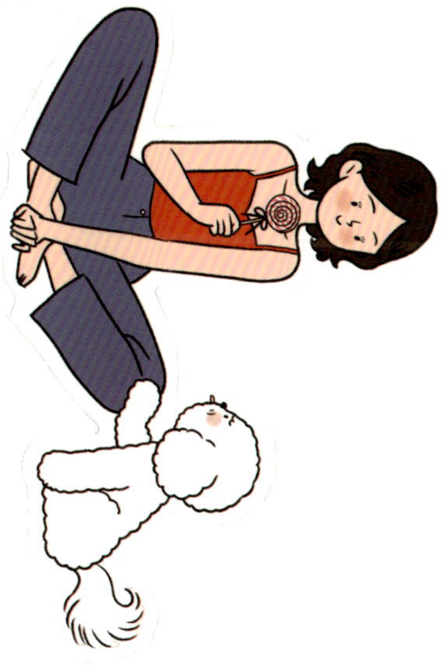

永远也走不到的世界尽头

如果要我在世界各地去过的城市里选三座最喜欢的，伦敦肯定拥有名字。

去伦敦一定不要错过切尔西区，我跟每个去伦敦旅行或者出差的小伙伴都是这样说的。这个区真的很好逛，集中了很多伦敦本地的品牌和设计师店，有古董店、家具店、书店画廊。更浪漫的是，切尔西地区有一个很美的地名叫“World's End”。如果坐公交车到那里，会听到报站“Chelsea World's End"。

崔斯坦第一次和我去伦敦时，听我介绍完，就从沙发上弹起来说，那赶紧走啊，让我们去世界尽头看看。

沿着国王路一路向西，只要十几分钟，就可以走到那里啦。

对于游客来说，国王路不像牛津街、摄政街那么著名，但它是了解英国文化和时尚的重要地方。

20世纪60年代，这里催生了风靡伦敦乃至世界的摩德风(Mod)，迷你裙之母玛莉·官（Mary Quant）1955年在这里开设了她的第一家店铺 Bazaar。

70年代，国王路一度成为朋克文化的聚集地，迷你裙之母玛丽·官（Mary Quant）1955年在这里开设了她的第一家店铺 Bazaar。70年代，国王路一度成为朋克文化的聚集地。这里也是西太后维维安·韦斯特伍德（Vivienne Westwood） 和性手枪乐队经理马尔科姆·麦克拉伦（Malcolm McLaren）的活动场所。

这里值得逛的店真的很多，随便走进去一家都可以停留很久。时间有限的话，推荐两家：一个是家居店 Blue Bird（SE3 5UU），其实它不光是个家居店，更像一个生活方式集合店，这里可以买到独立设计师品牌的配饰、衣服和鞋子，还有各种家居小物等，它还有自己的餐厅，总之每次进去，不花半天时间就走不出来。

还有一家小小的买手店，叫 consept。它也是个时间黑洞。店面看起来不大，但几乎每次在这里，我们总是一待就待好几个小时，每次都能买到满意的东西，从裙子、包包到首饰、托盘等。

第一次在那里买完，店员问我来自哪个国家，我说中国。她特别开心说，那么你就是我们第一个中国客人了！她说，很奇怪，其实她们店很有名的，但一直没有中国客人光顾。后来我在公众号提及过它。她们还专门在 INS 上给我发私信感谢我，因为之后她们的店就多了很多中国客人。

上次去伦敦，不知道在里面待了多久，我们几个人一人提着一袋战利品走出来时，外面天已经全黑了。

崔斯坦突然说："天啊！难怪那里叫世界尽头，因为真的永远也走不到啊！"

没错，这几年，我去过伦敦N次，却从未抵达过"世界尽头"。

LONDON
fantasy

奢侈的反义词

很多人觉得奢侈的反义词是贫穷，其实不是，奢侈的反义词其实是粗俗。

有些事情比穿漂亮的衣服、买漂亮的鞋子和包包更值得我们付出精力。

- 保持头发干净。头发代表了一个人的精神状态，要常洗、常修剪，一旦油了、有异味，一定要洗。
- 打理好指甲。指甲油掉色了请一定卸掉，斑驳的指甲油比不涂更加触目惊心，不要在指甲上贴水钻。
- 定期修剪鼻毛。这对男女来说都很重要。
- 可以不用香水，但身上一定要保持干净清爽。
- 定期整理衣柜让衣物保持干爽，定期拿出来晾晒。

✦ 保持口气清新。养成饭后用漱口水的习惯。

✦ 照顾好牙齿，定期洗牙，定期看牙医，检查牙齿状态。这也是我整牙后最大的收获，养成爱牙护牙的好习惯。

✦ 在公众场合说话、讲电话或者大笑尽量降低声量，尤其教小朋友也从小懂得这件事。

✦ 感冒记得戴口罩。

✦ 不要忘记说谢谢。无论对方是好朋友、陌生人，或是服务员、空姐。

✦ 保持微笑。这会让我们自己也心情愉快。

我的怪癖

出差回来，放下行李，我就在家里整理东西：把行李箱里的脏衣服拿出来，放到洗衣机里洗干净；把出差带出去的东西，放回它们原来待的地方；把新买回来的东西，一个个拿出来放进各个柜子。

收拾完，再用吸尘器把各个角落都吸一遍，用拖布把每个房间里里外外擦干净。

做完这一切，已经深夜。给自己倒了一杯加冰的威士忌，坐在客厅沙发上，看着干净但不算特别整洁的房间，目光所及都是自己心爱的东西，感觉非常满意！

好几年前，我的朋友停停给杂志写过一篇专栏叫“女人的怪癖”，写我每天加班到深夜回来还非要收拾房间搞到凌晨，甚至把当时合租房子的“黄毒妇”的房间也擦干净（她在睡觉）。

这篇文章出来后，我差点跟她翻脸，因为身边的人时不时就用这件事来嘲笑我。哈哈。现在想起来，她说得很对，这确实算是一个怪癖。

你想想，一个连续工作十几个小时，累得要死一直喊着给我一张床马上就能睡着的人，回到家第一件事并不是倒头就睡，而是忙着吭哧吭哧收拾东西到半夜，自己还觉得很开心，外人确实很难理解。

我喜欢看到每一样东西都在它们该待的地方，喜欢被自己喜欢的东西包围。

所以，每隔一阵子，我都会给家里来个大扫除。检查一下爱用的东西是否出现破损，很久不用的东西是不是该丢了，新买的东西是不是真的需要。然后该修的修，该丢的丢，该好好珍藏的要小心存放。

在一次又一次整理的过程里，我逐渐明白，在我拥有的那么多物品里，哪些是真的需要并给我带来快乐的，哪些是毫无必要的浪费。

电影《蓝色大门》里，有一句关于成长的经典的台词：留下什么，我们就会变成什么样的大人。

这句话，放到我们和物品的关系里一样适用。——留下什么，我们就是什么样的人。

买买买和断舍离

当博主的这几年，因为工作原因，买的东西比以前多很多，但现在回到家，再也不会有以前那种被过多东西压垮的感觉了。今天收拾完，看看家里的空间，我还是很满意的：东西不多不少刚刚好，让家里充满热闹的烟火气，但又不至于成为压力。

我一直提醒自己“不要持有太多东西”，所以定期会做一次断舍离，把自己不会再用到、不常用，或者已经有比较多相似的东西，断舍离给工作室的小伙伴或身边的朋友。

关于断舍离，我陆陆续续在公众号写过很多篇分享。然而，在这几年数次断舍离的过程中，我自己也不断遇到一些新的问题。

比如说，有多少人是和我一样常常一边断舍离一边买买买的？买的时候有多爽，断的时候就有多纠结，越断舍离买得越多。

还有另一个极端，就像我的一位直男朋友，拜入“断舍离”教后一口气把很多东西全丢了，丢完却后悔了。有一天他赌气地跟我说："现在每次找不到想要的东西的时候，我就想去骂那个作者。"

我做断舍离就常常在深夜，发完推送，选完评论，放眼家里，怎么有那么多需要整理的东西，莫名就有些烦躁。于是，一边整理，一边在工作室的群里断舍离。小妞们这时候也常常精神抖擞，气氛异常热烈，断完都半夜两三点了……

当下是觉得很痛快，一身轻松，整理的压力小了很多，买东西的愧疚感也烟消云散。

但是没多久就会发现，有些我需要用到的东西，找不到了……原来是被我一股脑断舍离出去了。而那些因为冲动、愧疚断掉的东西，有不少我都会再买回来，你们说这是何必呢！

对我来说，扔了后悔的单品里，有一类比较特殊，那就是书。

比如用电子书来代替纸质书，确实给我减轻了很多负担，尤其是搬家的时候。所以我之前把很多书都断舍离了，之后尽可能都少买纸质书，多用 Kindle 或者 iPad 阅读器看书。

但是我发现，我还是很喜欢看纸质书，尤其是有些书我会反反复复看。有时半夜突然很想看某一本书，才发现已经断舍离了，只好硬着头皮再买一本。

就这样，我又陆陆续续把喜欢的书都买回来了。

这些年我一直奉行一个原则：买一件新的，就要断掉一件旧的。比如说包，我如果买了一个新的，就会把某个旧的断掉。这个做法，出发点是好的，既以此防止自己乱买，又可以让持有的物品保持一定数量。

但渐渐地，我发现自己很容易跑偏。好几次，我发现，我宣布要进行断舍离的时候，都是因为我想买新包。也就是说，我所谓的断舍离，并不是因为我不需要它了，而只是为了给买买买找的借口。

结果就是：一边断舍离，一边买买买，边买边断，越断越买。

在我狂迷断舍离的那段时间里，我也曾立下了一个 flag，就是坚持二个月完全不购物。

我真的做到了，这是我坚持最长不购物的时间，只要每次想买衣服，我都会想想，有没有旧的衣服可以代替。

可是，一直穿旧衣服很快让我失去了对穿衣搭配的热情。并且，在我解禁的下一个月里，几乎每天都在报复性地买东西。极端地压制正常的欲望，反而会触底反弹。

这么说，倒不是鼓动大家不要断舍离都去买买买，无论平时写叫醒你的衣柜也好，写趋势推荐或好物清单也好，都是希望通过我的选择和判断，为大家在万千物品中更容易找到适合自己的那一个。

只不过，真实的生活从来就离不开“买”这件事，谁也没法活在真空环境，做到完全不消费，完全消灭对物质的欲望是不可能也是没必要的。

适当满足自己，跟物品建立一种良性互动，是更健康的心态。

通过自己努力，过上更好生活，才是一种美好的循环。

经过好几轮断舍离和买买买的反复，我终于认清了一个真相：我做不到对物质的超然和冷淡，它们真的让我快乐。这种快乐，和一本书，一部好电影带给我的快乐，是一样的。

我爱这花花世界

写断舍离和买买买的这个话题时，评论里有人抨击我说：“你之所以纠结，是因为做不到对物质的放下，说明你修行不够！”

我承认并真心羡慕她的笃定。

曾经我也有过这样的时刻。笃定自己可以超然于物、超然于现实生活。

老修行们常说的一句话是“老道老道，吃饭睡觉”，是说修行是且只是保持人的基本的身体需求就已经足够了。除此之外的所有要求，一旦放纵了都会变成妄求，就会在五色十光的追求中迷失了自己的本然。

有一段时间，经历过一轮痛彻心扉的断舍离之后，我在努力朝这个境界修炼，立志从“高投入、高产出、高消耗”的生活模式转入“低投入、低产出、低消耗”的生活模式。

尽量不投入工作，最低限度地产出，最低限度地消费，只买生活必需品，不买任何没用的东西。尽可能减少社交，尽量不和其他人发生联系，尤其是发展深度的关系。

那时我的座右铭是：以出世的心做入世的事。翻译成现在流行的话，就是心态“佛系”。一度，我以为自己很接近那个境界了，基本放下了对物质的迷恋。

一开始还是很爽的。生活变得很简单，睡睡懒觉、看看书、看看电影自己待着一天就过去了。不再出去吃饭，每天给自己煮点简单的东西，周末回妈妈家吃饭。除非必需的工作，否则能不做就不做。

收入虽然变少了，但因为不买东西了也不觉得生活有压力。因为不怎么社交，连最亲密的几个朋友都联系得很少了，少了很多烦扰，多了很多时间做自己的事情。

但过了一段时间，这么轻松的日子开始让我焦躁起来。不再投入，也就失去了期待。这样的生活，说轻松是轻松了。但真的好没意思啊！

我甚至开始对自己为什么要活着产生了怀疑。

后来的事情你们都知道了。

现在想想，如果那次所谓的修行真的成功了，我现在会在干什么呢？

有的人早慧，一早就看破人生的道理。而像我这样的人，大概是没有慧根，才会一直在七情六欲中挣扎。

我猜我大概还要经历几轮这样的反复才能修炼到那个超然的境界吧？

今天剪发，发型师与我探讨精神话题。他说自己前几年修佛法，非常投入。这几年心渐渐淡了。初学时觉得万事万物皆是泡影，慢慢发现我们的生活是个大道场，始终难以超脱。

我说："你其实是修着修着发现四大皆空很没意思，还是恋恋红尘与水深火热更带劲一点吧。"

他大笑，问："你怎么知道？！"

就像有句话说的：

纵使对这个世界有诸多失望，

但在某些时刻，

还是不得不承认，

我们爱这花花世界。

shopping

我的购物原则

我的鞋子、包包都保持在一个相对恒定的数量。虽然很爱买，但我一直提醒自己不要变成一个拥物狂和囤积狂。一是不想造成毫无意义的浪费，二是不想自己持有太多东西，像我这么喜欢和物品发生深刻联系的人，管理物品真的要耗费很多时间和精力。

为了防止自己无节制地购物，一般我在买买买时都会遵循这几个原则：

✦ 买一件是一件

与其花很少的钱买很多便宜但穿一两次或一季就丢的衣服，不如多花一些钱，买那些可以穿很多次或很多季的衣服。时尚单品的价格计算方法应该是“价格除以使用次数”。

✦ 再贵的东西，买了就要用

用过就扔，是一种浪费，但买了不用，更浪费。让无用的东西肆意挤占我们的空间、耗费我们的时间又是一种浪费。

买一件断一件

防止自己乱买的很有效的一个方法就是：买一个新的必须要断舍离一个旧的，这样一来，很多次想买东西时，想想我要把现有的什么东西断掉，就不买了。

买适合的、需要的、喜欢的

符合这三个原则才买，其他的都可以不买。里面最难的是“喜欢的”，毕竟这是个很主观的条件。一般在这种时候我会问自己一个问题：“它能带给你快乐吗，这种快乐能持续多久。”心会告诉我们答案。

在能力范围内，给自己最好的

减少浪费和心痛的最好办法就是减少持有。所谓的不持有太多物品，并不等于尽量节俭，降低生活标准，而是指不持有太多粗糙的、劣质的、无用的东西，尽量只保留少量有用的、高品质的、自己喜欢的东西。

让自己被喜欢的东西包围，眼睛所见之处都是所爱之物，这样生活起来心情才会更舒畅吧。

Shopping

鞋子里的一粒沙子

前阵子因为预支了明年的生日大礼，我突然提前花完了我上半年的购物预算，手头变得很拮据。

有一天阿花在我们群里推荐了一种雪糕，说它真的真的太好吃了。

当时我正在国外出差，光看她们在群里说都快流口水了，赶紧拜托莫妮卡帮我买，这样我一回到家就可以吃上了。

结果你们猜怎么着，莫妮卡拒绝了。她一打开那个链接就说："居然要900多块钱，太贵了，别买了。"

我一看，是5盒900多块钱，不是一盒，买吧。

莫妮卡说："5盒900块也很贵，别吃了。"

我："我一年也吃不了几次雪糕哦，买吧。"

莫妮卡："雪糕也不是非吃不可，不吃也不会怎么样。"

我："我工作这么辛苦，偶尔吃个雪糕奖励下自己不行吗？"

莫妮卡："花了钱不说，吃完还要减肥，何必呢。"

一番对话下来，我简直都要同情自己了。

就在雪糕事件发生的那几天，我和崔斯坦吵了一架。

起因也是一件小事，关于要在早晨七点半起床还是七点起床。我坚持多睡半小时，因为那段时间我连轴转出差、写稿、写书，每天的睡眠时间都不足五个小时，真的太缺觉了。她坚持早半小时起来，拍摄时间更从容。就为了这半小时，我们从凌晨十二点半吵架吵到三点。吵着吵着我居然哭了。那也是我这几年第一次为了工作的事情大哭。

待我平静下来后，她问我："这件事对你来说，真的那么重要吗？你为什么反应那么大？"

我后来也反省了很久。经历过那么多更难熬的时刻和更辛苦更累的行程，我都没有觉得苦过，怎么那个时候突然悲从中来呢？

想起很久以前一个女性朋友跟我说的一件事。她有一次和老公去逛百货商店，她看中了一口 2000 多块钱的锅，她老公反对她买，因为他们当时刚刚生了小孩并且在供房。两人在商场对峙了半天，她老公把她从柜台前拉走了。她就这样走在人潮涌动的商场里，毫无预兆地痛哭了起来。

“当时太委屈了，我这么辛苦了居然连一口锅都买不起。”

我们当时听完都笑了。现在我才理解了她的心情。

很多时候，压倒我们的，不是远处的高山，而是鞋子里的一粒沙子。击垮我们的，往往不是那些看上去惊心动魄的难关，而是生活里一件让人突然崩溃的小事。

回国后，莫妮卡在我面前摆了五盒雪糕，说，尽情吃吧。

你猜为什么？

原来五盒是 90 块钱，不是 900！是 90！ 90！

cleansing
oil

A Bad Hair Day

有一次发自己的照片，好多眼尖的读者都说我头发长长了不少。

没错，为了留长它，我硬是忍着没去修，没去剪，没去染，为此经历了一段很长的尴尬期，以至于跟朋友吃饭拍照时都被“嘲笑”过：“你的头发让你看起来心情很差 / 你看起来像失恋了 / 你看起来疲惫不堪……”其实我只是吹不好我的头发！

某天出去吃饭，闺蜜瞪着我说：“你现在的头发，看起来真的好像生意失败啊！”

气死我。第二天就跑去剪了头发。

难怪英文里用“a bad hair day”来形容诸事不顺的一天。

用“坏头发”来形容“糟糕的日子”，是因为从心理学角度来说，人们普遍会觉得，一个人如果掌控不了自己的头发，那肯定也掌控不了自己的生活。

虽然这是某种比喻，但头发真的很影响心情。心情不好的时候，头发状态也不会好；而头发不好的时候，整个人看起来也很没精神。

在所有影响情绪的小事里，头发往往是压倒骆驼的那根稻草。基本上，心情不好，或者想要换一种状态的时候，我都会跑去剪头发。这也许是某种迷信心理。每次换完发型，我都仿佛获得了新的力量，或者拥有了新的面貌，可以继续去面对接下来的生活。

剪坏了怎么办?

没关系啊，无论如何，只要过一段时间，它都会重新长回来，大不了重新再换一个新发型。

坏头发可以长回来，就像糟糕的日子会过去。你看，多么正能量。

Guilty Pleasure

最近媒体很流行问一个问题：如果可以交换人生，你想和谁交换？最近我被问了不下五次了。

认真想了想，还真的没有，毕竟每个人的生活都有不为人知的辛苦。

那天发朋友圈感慨了一下，有个朋友评论：干嘛要和别人交换人生，难道你现在不就是最好的人生吗？

是啊，别人看我何尝不是觉得光鲜亮丽、要啥有啥。

只是今天有人给我送了一整盒 Cupcake，我吃了两口就不敢再吃第三口了。

想想也是有点心酸。

虽然我常常说，人生苦短，先吃甜品。但我其实并不嗜甜品。嗯，Cupcake 例外。

怎么说呢，它就像是一种“guilty pleasure”（内疚的快感）。明明知道吃了它没有任何好处，吃的时候真的很内疚，好不容易控制饮食，努力健身减下来的那点热量，可能因为这两个 Cupcake 就全回来了，但还是忍不住想吃。因为那种甜蜜满足的感觉，在吞下最后一口带着咸味的芝士奶油时，满到快要溢出来了。那一刻觉得生活真的美好啊。

我还很爱吃肯德基的辣鸡腿汉堡。有一次参加完活动，我坐在化妆间啃汉堡啃得津津有味。

有个公关刚好走进来看到了，非常同情地看着我说：“天啊，忙了一天你就吃这个，当博主也太惨了吧！”我也惊呆了。天啊，这可是我难得的“放纵时刻”。

除了抚慰人心的食物，我的“guilty pleasure”还来自重复看电视剧。每次很累或者想放空的时候，我就会随便打开一集《甄嬛传》来看，不知道看了多少遍，剧情和台词都已经会背了。之前录“73 问”时提到这一点，有读者说，跟你一样喜欢看《甄嬛传》但从来不好意思说。

每隔一阵子重温《欲望都市》也是“guilty pleasure”中的一项

（毕竟我真的看过太多回了）。今天刚好看到第三季的结尾，知道Mr.Big要离开纽约后，Carrie低着头走在纽约的街头，黄叶纷纷落下。画外音就是那句经典台词："如果不偏离轨道，我们又怎能坠入爱河。"

如果永远不偏离轨道，不去做那些明知道没好处但依然很想做的事，我们怎么会知道生活中那些意外的美好呢？

这也许就是"guilty pleasure"存在的意义。

CHAPTER

4

时尚博主的日常

"虽然辛苦，我还是会选择那种滚烫的人生。即便是有机会让我的人生重新来过，我想我还是会选择那种会以几亿度的高温飞速燃烧的人生。"

——北野武

红毯短跑选手

在成为时尚博主这几年里，对我来说最大的挑战，就是走红毯，没有之一。

很多次参加活动，我都躲过了红毯环节。有几次是飞机晚点赶不上，有几次是出发前皮肤大过敏，有几次是为了等心爱的外卖，还有几次实在没有借口，就干脆说红毯环节就不参加了。以至于后来每次因为各种原因没有赶上红毯，王大 R 都说一定是我默默发功起了作用。

著名的戛纳红毯，我走过三次，每次都非常狼狈。

第一次是“蹭”的，那是 2013 年，我还不是博主，是电影记者。

那天戛纳天气晴朗，我在电影节新闻中心赶完稿后，飞奔往

《二十四城记》的首映礼现场。那年贾樟柯导演的《二十四城记》是唯一入围主竞赛单元的华语片。

因为到得太晚，当我到达现场时，旁边的媒体入口已经关闭了。我心急火燎地在电影宫各个门口打转，都被无情地挡在门外。无计可施的我只好来到正门前，红毯外面早已被围得水泄不通。

眼看着电影就快开场，我恶向胆边生，拨开人群，挤到红毯的入口，用蹩脚的英文问保安，我如何才能进去。保安很为难地查看了我的证件，指指媒体入口。我告诉他那边我已经进不去了，所以才找他想办法。他耸耸肩说，那就没办法了。

我用蹩脚的英语与他交谈了一会，他依然摇头，绝望之下我耍无赖般地说："我一定要进去看这部电影！求求你……"其实说这话时我已经不抱什么希望了。

没想到，保安突然露出一个神秘的笑容，从上到下看了我一眼说："其实还是有一个办法的，"边说边指指红毯，"从这儿进去吧！"说完，还很帅地做了个"请"的手势。

就这样，我肩背大包，一手拿着电脑包，一手还提着一个鼓囊囊的环保袋，穿得像个民工一样地走上了戛纳的红毯！作为一个"蹭"红毯的人，我全程低着头匆匆前进，看都不敢看两边的摄像机和照相机，只想尽快走进电影宫。还好戛纳红毯很短，不到一分钟就走完了。后来“红毯”成了中国女星的秀场，她们动不动就可以在那么短的红毯上停留数分钟之久。我每次看到都不禁感慨，这是一种怎样的定力啊！

走过红毯，来到安检口。一定是我的样子看起来和明艳光鲜的嘉宾们差距实在太大，安检工作人员要求我开包接受检查，还特别拿出了我的环保袋，将里面的东西倒了出来。

我来不及制止，就看到一个个真空包装的卤蛋从我的包里滚了出来，有几个还掉到了地上……女工作人员大叫：“What is this？”听着她一口一个“oh my god”，看着其他工作人员和嘉宾们讶异的表情，我恨不得找个地缝钻进去。

悲剧的是，我竟然不知道卤蛋的英文怎么说，只好结结巴巴告诉她们，这是一种食物。

她们听完一阵大笑。一位西装革履的大叔还幽默地补了一句：“它们一定很好吃，所以你才带这么多。”

我匆匆将它们都装回包里，赶紧逃离了安检处。这些卤蛋是出发前我娘担心我在国外吃不饱，偷偷塞进我箱子的。当天同行的两个记者先出发过来，发短信给我说他们一整天没来得及吃饭，特意叮嘱我带干粮过来，于是我就装了满满一袋……

第二次走红毯，是2017年。那时候我已经是全职博主，以品牌挚友的身份受邀参加路易十三的活动。整个行程安排得挺好的，私人飞机接送，乘坐快艇到戛纳，入住当地最好的酒店。当然，最重磅的环节就是品牌的官方活动——参加《牡丹花下死》的首映礼，走红地毯。

那次我带上了那条偶遇海盗爷时买的Dior的花瓣裙，为了穿上它，还饿了自己两天。战袍是准备好了，然而我只想赶紧走完，于是跟着同行的小伙伴们，低着头花了不到20秒就走完了，最后只留下一张红毯外拍的照片。

让我开心的是，那一年《牡丹花下死》拿到了“最佳导演奖”。

第三次走戛纳红毯，是去年。我是作为开云集团的品牌挚友参加的，走的是女性影人单元的红毯，算比较大规模的。出发时，我跟自己说，既然你现在的职业是时尚博主，走红毯是你的工作，必须好好完成它，不能再怂了。

于是，我们认真地挑选了礼服，最后选了Stella McCartney的黑色礼服裙，还花了两个小时化了妆做了头发，借了伯爵的珠宝。穿着一整身隆重且昂贵的行头，我们由保镖带着出发去红毯。

出发前，崔斯坦再三交代，你一定要记得慢慢走，品牌的摄影师、外网的摄影师，以及我们自己的摄影师都在外面候着，你只要在某个地方定住几秒就可以。

然而，结果是，几个摄影师都没有捕捉到一张我的照片，我以飓风般的速度走完了那个红毯！速度之快，连官方摄影师和崔斯坦专门找的摄影师都没能捕捉到我矫健的身影，哈哈。

从此我获得了一个称号，叫“红毯短跑选手”。

戛纳的美好回忆

去年我们在戛纳待了十来天。

回程时，我们讨论，怎么戛纳这么小，我们可以待这么多天，还觉得每天都很开心呢。

其实一段美好的旅程，不一定是因为去了很多个地方。对我来说，度假最好的打开方式就是：轻轻松松闲逛。

比如说每天早晨或者傍晚在海边什么也不干地晃晃，看到过雨过天晴的蓝天，也看到过让人心里变得柔软的粉红色的夕阳。

戛纳拥有我认为最美的海滩，有很多人甚至称之为被上帝亲吻过的地方。很多年前，邓丽君和林青霞在这里给彼此拍过一组"裸照"，所以《纵横四海》里，周润发和张国荣才会一来到海边就大喊：青霞！丽君！

我不会游泳，也没有拍过“裸照”，这里的海滩，最让我留恋的是露天电影院。电影节期间，海滩上有露天影院的放映，相比起在电影宫里端坐着，这里大家可以随意地坐在沙滩椅上看旧电影。

我们在傍晚时走过去，路边有乐队演出，一直在唱 Coldplay，听到熟悉的旋律，我忍不住跟着哼了半天。

戛纳的老城也很有魅力，各种曲曲折折的斜坡小路，沿着它们一直走可以走到山顶，每条路都风景如画。

山顶上有个 Place de la Castre 广场，在这里可以俯瞰整个城市和海港，“南法”的生活气息一览无余。

电影宫附近有两座旋转木马。我有旋转木马情结，去到每个地方看到旋转木马都要坐一下。但我跟戛纳的旋转木马似乎没有缘分。很多年前第一次来的时候，每天去电影宫采访都会路过，每次暗暗想着：等我忙完就去坐一次。结果每天都没有时间。

后来的两次，我们都住在木马对面，但因为下雨和各种时间对不上，还是没坐成。连想拍照都因为人太多作罢。这个遗憾，也成了我再去戛纳的小小念想。

戛纳是个浪漫的城市。

有一天晚上，我正在卸妆洗脸，突然听到外面很大声的砰砰声。

突然意识到：啊！是不是放烟花了！崔斯坦一听立刻冲出去拉开窗，果然——满天烟花！

我们俩在窗边一顿激动拍拍拍，顺便感叹要是我们身边不是对方就完美了！

写下这些美好片段时，想到某一个深夜，我收到一条短信。有一个人说：我来了戛纳，去了你去过的每一个地方，走过每一条你走过的路。

啊，那是好几年前的事了。如今那个人，早已不再联系，消失在茫茫人海里。

After Party

五一的时候，去参加“YSL beauty”的活动。跟品牌公关见面时，她说：“终于见到你啦。你知道吗？我们一行人在飞机上讨论半天，发现居然没有人见过你。”

我心想，咦，原来我这么有神秘感啊。

结果又听到她说：“她们说你很少参加活动，每次参加活动都是匆匆露个面，就回去写推送了。”

额……真是一个毫不浪漫的理由！

现在，大家都叫我买买买博主，我经常说，其实我的真实身份是写写写博主。

已经数不清有多少次，一边排队过安检，一边抱着电脑到处找WiFi。第二天如果有活动拍摄，就会熬夜或者利用周末不更新时写写写；参加活动不方便带电脑，就用手机写写写。有时候连拍广告，

Fan

都会把电脑带到现场见缝插针写写写……这直接导致见到这些场景的人，尤其是很多公关，会很惊讶地说：“啊，你到现在还要自己写推送啊？！”

印象很深的一次，在佛罗伦萨看完GUCCI的秀，跟几个杂志编辑一起闲聊，我说起“这好像是我第一次参加after party”，她们全部惊呆，表示绝对不可能，看这么多次秀，怎么可能第一次参加after party！

原因很简单：每次看完秀我都匆匆忙忙赶回去写稿了，只有那天正好不用更新，才有了那么难得的一次闲暇。而每个人都羡慕的看秀时间，其实只有20分钟而已。

但如果你问我，后不后悔错过这么多派对？可能有一点。可是直到现在，写写写这件事，仍然是整个博主生活里最能让我感受到满足感和成就感的一件事。

我也很爱写完了一个一个地选评论（没错，你收到的评论回复大都是我回的~），与其说这是我的工作，还不如说是我的能量补给环节。每次看到你们说有用或者喜欢，都会让我觉得很开心。如果这时还有一杯香槟，那就是我的after party了。

虽然这几年我也在努力做新的尝试，希望能拓宽自己的能力边际，但直到今天，我依然觉得：写写写，是真正让我发自内心感到平静和快乐的一件事。很多段觉得难熬的时光，写着写着就好起来了。

奔波途中也要认真生活

作为时尚博主，每次出行要带多少个箱子?

别人我不知道。

我自己大部分时候是 1 个，半个月以上的长差会带 2 个，最多再加 1 个登机箱。

虽然经常要参加活动、拍摄，每次都要带很多衣服、鞋子和包包，但我都会尽量用一两个箱子搞定。当博主前和后的区别，只是在于以前是小箱子，现在要大箱子。我还记得在报社时，有一次和摄影记者一起出差，他看着我的小登机箱不可置信地说："怎么可能，我听说你出差连床单都带！"

我以前出差确实连床单都自己带，恨不得把家背在身上。后来出差次数越来越多，带的东西越来越少。但是，每次打开行李箱，同行的人往往还是会说：哇，你怎么连这个都带！

哈哈，说的不是床单啦，而是一些可能别人不会带的小东西。但这些小东西对我来说却是必需品，如果哪次出差没带，就会非常焦虑。并且这种焦虑别人经常很难理解，觉得我很“作”。

那些每次必带的、别人觉得可有可无的东西有：

✦ 热水壶和旅行茶具

看我拿出热水壶和茶具，不熟的人都会有点惊讶。酒店里也有杯子，干嘛非要叮铃哐啷带着功夫茶具出门？

福建人和潮汕人应该就会懂。对于我们来说，喝茶就跟吃饭一样日常。我自己不出差时，每天都要和家人至少在一起喝上一道功夫茶，平时有茶喝的时候也基本不会选择其他饮品。喝惯功夫茶的人是很难习惯大碗茶的，所以到哪都带着茶具和热水壶。因为很多欧美的酒店都没有热水壶，这对不能一天不喝茶的人来说简直是一种折磨。

在外面就算凄风苦雨或者烈日暴晒，回到酒店房间，自己喝一道茶，或者招呼朋友一起喝，觉得出差的日子也没那么苦了。

✦ 蓝牙小音箱

每天晚上睡前的两个小时一般都是我阅读和听歌的时间，从开始刷牙、洗脸、泡澡就放着歌当背景音乐。所以出差时我也会带上一个小小的蓝牙音箱（我不太爱用耳机）。

我和猫王出的联名款 B612 小音箱就是结合我自己的需求定制的。综合了外形、音质和便携几个方面，貌美、很轻、很小，音色也不错。

便携式熨斗

之前写过一期衣物保养，说到各种面料的衣物的保养，很多人反馈，最头疼的就是那些容易皱的衣服。在家时，那些易皱的衣服还能挂起来，但出差的时候，叠好放进行李箱再拿出来就难免会弄皱，尤其是白衬衫和真丝面料的衣服。

酒店房间一般也有熨斗，或者提供洗衣和熨衣的服务。但一来需要有比较充裕的时间，二来需要技巧。手残如我就曾经把一条很喜欢的裙子熨出了一个大洞……大！洞！心痛死我了。

所以还是带上自己用惯的小熨斗吧。

吹风筒

很多人会说酒店不是都有吗？但是酒店的吹风筒大多数都不好用，要么风力不够，要么太烫，吹完头发都被烫伤了。加上我是偏细软的发质，如果洗完不好好吹，头发就会很趴，显得整个人超级没精神。

香水、香膏

有多少人和我一样到了酒店，迫不及待要做的事就是拿出自己带的香水，在房间里喷一喷。被熟悉的香味包围，就算一个人在陌生的地方，也不会觉得太孤单。很多人问我香水怎么带，小支装就可以啊。带上飞机也没问题，不超过100ml 的护肤品都是可以带的。有时保险起见，不托运行李时我会选固体香膏，带起来也方便，就是不能喷房间了。

我还会随身带一只睡眠喷雾，睡前在枕头上喷一喷，帮助安神入睡。

✦ 瑜伽垫 / 瑜伽巾

我的健身大计之所以数次中断就是在于出差的次数实在太多了。每次我这么说，都被人笑说是借口。真是冤啊。我不是运动达人，所谓的健身大计也就是自己每天在家做大概 15 到 30 分钟的简单训练或者瑜伽。这时要用到的最重要的工具就是一张瑜伽垫。每次出差，虽然大部分酒店都不错，但我也不放心在酒店地毯上打滚啊。当然你可以说在床上练，有一次在中国香港我就是这么做的，结果把腰扭了我会说嘛……至于为什么不去酒店健身房……这是个好问题。我就是不喜欢，纯个人喜好。

我之前带的是 adidas by Stella McCartney 的瑜伽垫，非常轻便，不到一公斤，放在行李箱里也没什么负担。我平时上健身课或瑜伽课也是自带瑜伽垫，因为你不知道健身房的垫子到底有多少人的汗水和足印。

现在换成了更轻便的瑜伽巾，稍微一卷就塞到箱子里了，完全无负担。

估计看完这些，有人会说："天啊，出趟差这么麻烦，看到你要带的东西，觉得我不是女人……"

其实这主要还是因为生活状态不同。

很多人觉得不就是出个差嘛，很多事将就一下就好了。但如果像我一样，出差成为生活的常态，每个月有大半的时间都是在路上和不同城市中度过，就不会觉得它们是负担了。

仔细想想，我好像没有过过真正的慢生活。自从工作以来，我一直都处在频繁出差、工作量大的高压状态。辞职后专职做公众号，变成自由职业以后，比原来更忙了。

而我也一直努力能在加速度的生活中，尽量保有自己的闲情。比如说有那么多时间都花在路上，干脆把飞机上的那几个小时用来看书；比如说频繁出差，就更要尽量把日子也过得和平时在家一样。不然这里将就一下那里凑合一下，日子就会越过越粗糙。

出差的日常

1. 下飞机时在接电话，走了一段路意识到有个女孩一直跟在身后，我就找了个地方坐下了。打完电话，她突然走过来说："卡卡，关注了你好久，看到你好激动！"我赶紧站起来打招呼。结果，刚站起来，我的包就掉到地上，里面的东西撒了一地……怎么我显得比她还要激动。好尴尬。

2. 上一次这么尴尬，是在北京的酒店。她们办入住时，我去对面的艺术品商店逛。店员问我，你是不是卡卡？我用大R刚教会我的那招，很淡定地说："不是啊，哪个卡卡？"那天我很机智地戴了帽子，没在怕的。就在这时，西西在对面大喊："卡卡，你身份证给我一下……"店员爆笑。

3. 每次我不化妆赶飞机，西西都会给我一个口罩。有一次口罩特别小，戴上只能遮住嘴，我一看袋子上写着"孩童专用"，正准备发作。她和崔斯坦指着我笑弯了腰，说："还以为你的脸很小呢，没想到这么大哈哈哈。”

4. 在陌生的酒店总是睡不好，睡前想喝个红酒。西西帮我打电话给餐厅，说：“请帮我送一瓶最便宜的红酒。”我在旁边大喊：“你们能不能对我好一点。”西西继续说：“哦，那给我们送一瓶你们这里第二便宜的红酒。”

5. 有一次到北京时是傍晚，36 度，太热了。坐在车上时，不知道为什么我突然想起，很多年前的一个傍晚，也是来北京出差，我拉着行李走在路上，半天都找不到酒店在哪，站在路边，感觉非常沮丧。就在这时，突然看到整条路的街灯渐次亮起，就这样，我被治愈了。

以上都是我喜欢出差的理由之一二三四五……不喜欢出差的理由有很多很多，比如现在凌晨三点半了，我只能睡四个小时了。

做加法的生活

在摩洛哥出差，住在 La mamounia 酒店。因为房间太满以及预定过程出了差错，四天里我们被迫换了三次房间。每一次都收拾行李收拾到崩溃。

崔斯坦问我："你这是何必呢？"

那时我正第三次把挂在酒店衣柜里的衣服收到行李箱里。

每次出行，我一到酒店，第一件事就是，打开行李箱，把衣服、鞋子等放到酒店的衣柜里，该挂的挂起来，该放抽屉的放抽屉，分类摆放。

崔斯坦很不解："我们只是住一周，又不是住一年半载。想用的时候从行李箱拿就好，你为什么非要把它们全都拿出来。"

更令她（以及其他跟我一起出过差的人）崩溃的是：哪怕出差

都只带一个箱子，我也一定要带上自己的大毯子、瑜伽巾、吹风筒、小音箱、茶具、水壶、香水，等等，更别提护肤品、身体乳、洗发水了。宁愿少带几件衣服，我也要把这些东西都装进去。

我不是不怕麻烦，而是长期高频度的出差让我养成了一个“超能力”，那就是：无论在什么地方，都能迅速把它变成我熟悉的空间，包括机舱、大巴以及任何酒店。

那次的摩洛哥之行，当我们第三次换房间，看我在那里把刚刚收进行李箱的衣服又一件件挂到衣柜时，崔斯坦终于忍无可忍咆哮：“你是有强迫症吗！你就不觉得累吗！我不允许你再跟酒店发生这么紧密的联系了！你就不能学习一下给生活做减法吗？！”

给生活做减法，听起来是一件很棒的事。如果能摆脱各种羁绊，烦恼自然也会少很多。

就像著名的小王子和玫瑰花的故事，你的玫瑰花本来只是千万朵玫瑰花中普通的一朵，是因为你不停为它浇水施肥，才让它成为你心目中独一无二的那一朵。

如果不对任何一朵玫瑰花浇水施肥，我们就不会因为它终有一日要凋谢而难过。

但我们也永远无法体会它盛开时的那种快乐。

如果不与任何一个东西、任何一个地方、任何一个人，发生紧密深刻的联系，我们大概永远不会失望，不会伤心。

但无喜、无忧、无怖的生活，又有什么意思呢？

我想像我这样的人，是没办法做到给生活做减法的。

很多时候，做加法让我快乐。

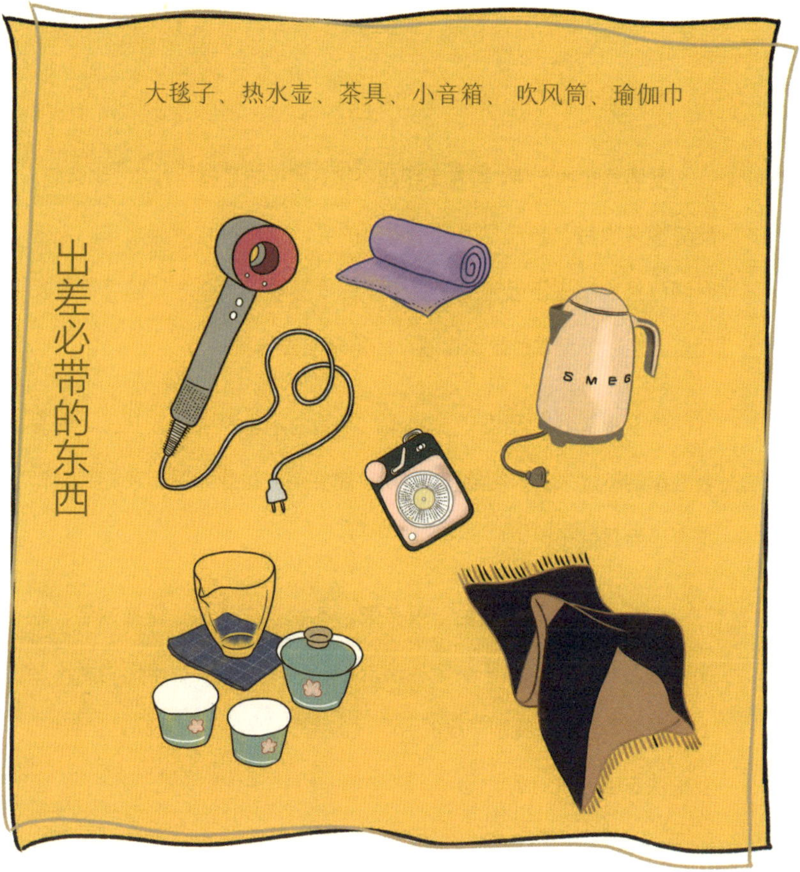

很累的时候

最近连续做了两个很心酸的梦。

需要早起的上午，实在太困起不来，闹钟响了被我按掉，继续睡。反复很多次后，想起早上有个重要的会，只好挣扎着爬起来。发现时间已经晚了来不及洗头，就用干发喷雾喷了喷头发，喷着喷着发现自己迷迷糊糊拿的是消毒液，还是只能去洗头。

洗头时旁边的朋友正在冲澡，花洒的水全都浇到我头上，淋得我气都喘不过来……突然悲从中来，蹲在浴缸边缘大哭起来。就这样，把自己给哭醒了。

因为连续起早摸黑拍了很多天，不想起床就把拍摄推迟了。结果梦到我们一家人终于决定搬回老家去住了。拿着行李回到老家楼下时是傍晚，一阵特别舒服的风吹过。我跟莫妮卡说，还是家里舒服，我们决定回来是对的。

就在这个时候，手机铃响了，我只好恋恋不舍地从这个很安宁的梦里醒了过来。

一定是太渴睡了。

这几年我一直处在加速度的生活中，但从来没有像最近这么缺觉过。

2019 年的 7 月，是疯狂的一个月，出差了 17 天，去了 6 个城市，发了 24 天推送，录了 10 个视频……感觉对自己“物尽其用”了。

有一天深夜和朋友聊天，她说我太辛苦了，这样的生活又有什么意思呢。

这让我陷入了好几天的沉思。

累吗？累是累的。尤其是很晚睡又一大早挣扎着起来准备拍摄或赶飞机的时候，千万次想任性地倒头大睡，什么也不管了，千万次问自己“这么辛苦是为了什么？”

那天我自己看了微博上发的工作室日常，小伙伴们“抢”香水的视频，忍不住边看边笑。还有 7 月最后一天，忙完推送，我和小伙伴们吃小龙虾庆功宴，每个人吃得手上、身上、脸上全是油，相视大笑。大部分时候，我都是在这样的状态下工作的。累归累，但大多数时候还是开心的。

我们和自己拉扯角力，再握手言和，反反复复。每个人都是这样在跌跌撞撞中成长的吧。

所以，那天在飞机上看《北野武的小酒馆》，他说："虽然辛苦，我还是会选择那种滚烫的人生。即便是有机会让我的人生重新来过，我想我还是会选择那种会以几亿度的高温飞速燃烧的人生。"

很有共鸣。

即便是有机会让我的人生重新来过，我大概还是会选择这样的生活吧。

梦

这是凌晨四点的广州。

一阵狂风暴雨之后，窗外安静下来。客厅的姜兰花快谢了，却依然卖力地吐露着香气。

南方的夏天多暴雨。

在很多个失眠或者从某一个梦里醒来的夜里，听到骤雨敲窗，有时嘈嘈如管弦，有时切切如私语。过了一会，世界恢复了安静，仿佛雨并没有下过，什么都没有发生过，就像现在。

在这样一个寂静的时刻，想起有一阵子，我总是梦到大学的时候，穿着花裙子的我，在街边买了喜欢的姜兰花，回到宿舍，把它们一支支插进花瓶里，趴在窗前的小桌子发呆。梦里的那个自己，非常非常寂寞。醒来总是很困惑，我明明觉得大学时期是我最好的时光啊。

我还常常梦见坐在考场里，考的是我最害怕的数学，交卷时间到了，却有一大半的题没有做。惊醒以后，庆幸自己再也不用做数学题、再也不用考试了。

我每天都做很多梦，而且梦境都非常真实，醒来后还记得很多细节和感受，强烈得不像一个梦。

有时我在想，从不熬夜、从不失眠的人，看到的世界是不是和我完全不一样。那些一夜无梦的人和每天都做很多梦的人，对人生是不是会有不一样的感受。

前天出差，因为这段时间实在太缺觉了，好不容易在飞机上睡了一觉，居然梦到一直在出差，一个接一个紧张的行程。醒来觉得自己太惨了。落地后我跟同事们说了这个梦，我们的摄影师鸽子笑眯眯地说："那你梦想成真了啊！我们这不就在出差嘛。"

然后我们哈哈哈笑了一路。

敲下这段文字的时候，我正从一个漫长的梦境里醒来。

梦见搬到新买的房子，那里很大，有很多个房间。走进去之后听到一阵哭声，直觉告诉我那是一个很亲近的人，我却想不起她是谁，也不知道她到底发生了什么事。于是我焦虑地在一个又一个房间里找，找啊找啊终于找到了，推开一扇门，看到一个小女孩抱着双膝蹲在墙角哭。我走过去，抱着她说，别哭了，有我在呢，我会好好保护你的。这时她抬起头，我发现，原来那是小时候的我。

就在这个时候，我惊醒了。

就在这个时候，我意识到，不知不觉，我已经不再是那个患得患失、自卑敏感的小女孩。我终于可以自己保护自己，自己给自己足够的安全感。

于是长长地松了一口气。

亲密关系

写公众号这些年，除了周末和节日，我总是坚持日更，偶尔不更还要请个假，再找时间补回来。

我的朋友对我说，你的更新太严谨，太有规律，太有安全感了，反而失去期待。

我很知道她在说什么。

就像谈恋爱一样，如果想在恋爱游戏里占上风，就要学会你退我进，学会欲擒故纵，学会若即若离……事实上，这也是一段亲密关系中最迷人的阶段。

然而，我是那种，和喜欢的人吃火锅都会光顾着给他涮东西的人，吃完才意识到自己居然没怎么吃，却异常满足。

爱和咳嗽一样，掩饰不了。

当然，不爱也是。

这就是为什么我们越是对着自己喜欢的人越容易患得患失。

很多年前有一阵子我很爱读阿兰·德波顿的文字。

他曾经写过：爱情的一大反讽，就是你越不喜欢一个人，你越能够信心百倍、轻而易举地吸引她。

强烈的欲望会使人丧失爱情游戏中必不可少的一种漫不经心。

道理我都懂。

我不是不会玩那些恋爱游戏的小伎俩。但我不想这么做。

因为我坚信，对的人，对的关系，不需要这么费劲。

我从来不相信“得不到才是最好的”。

真正的爱，一定需要强大的共鸣和默契。

想起《红玫瑰白玫瑰》里面，陈冲在公交车上重逢赵文瑄时，陈冲笑笑说：你好吗，我很好。

他们道别后，赵文瑄哭了。

他说：不可能啊，哭的人应该是她而不是我。当初是我离开她，她不是应该很难过吗？为什么她现在这么开心？为什么？

因为用尽全力爱过的人才没有遗憾。

爱如是，其他的亲密关系也如是。

夏天

夏天感觉美好的瞬间：

- 买了漂亮的裙子，穿出去刚好有风，裙摆被风吹起来的时候；
- 很困的时候，喝一杯加了冰的可乐；
- 吃到冰西瓜的第一口；
- 自己做了一杯咸柠七，叫了份小龙虾外卖；
- 去遛狗，走得大汗淋漓的时候迎面吹来一阵凉风；
- 满身臭汗回来，冲完凉洗完头，闻到自己身上的好闻的香味；
- 睡了一觉醒来，外面在下大雨，看一眼闹钟，还可以睡很久。

夏天感觉不开心的瞬间：

✦ 去年的裙子今年已经穿不下了；

✦ 新买的鞋子不合脚，把后脚跟磨破皮了；

✦ 被人说胖，还问我有没有 100 斤；

✦ 吃完麻辣火锅，第二天就长一颗痘；

✦ 说好的见面，有人没有赴约；

✦ 暴雨后，在小区散步，看到石板路上落满了被雨打落的鸡蛋花，那生机勃勃的样子，好像它们还有一整个夏天要过。

虽然我怕热并且不喜欢夏天。

但夏天可以穿花裙子、去海边；

夏天可以喝咸柠七、吃小龙虾；

夏天有暴雨也经常可以看到彩虹；

夏天有更灿烂的阳光和动听的蝉鸣，

还有即将结果的柠檬树值得期待。

这样一想，我还是喜欢夏天吧。

Zzz

冬天

冬天感觉美好的瞬间：

- 走在黄昏的街头，看到街灯渐次亮起；
- 刚好闻到烤栗子的香味；
- 天终于冷下来，穿上去年最爱的那件羊绒衫，仿佛熟悉的拥抱；
- 衣柜里很多冬天的衣服，又可以尽情玩搭配组合游戏了；
- 又冷又湿的雨夜，走进 24 小时便利店，买一杯热热的红茶，捧在手里的时候；
- 人声嘈杂的居酒屋里，喝上第一口清酒，温得刚刚好；
- 小福缩成一团，挤在我脚边。我试图把冰冷的脚放在它肚子上，它一下子跑开了；

✦ 每晚睡前给自己热一杯牛奶，等待的那四十秒；

✦ 无所事事的一天，睡舒服的懒觉，醒了也不起来，窝在被窝里。

喜欢冬天。因为冬天有圣诞节，到处都是好看的圣诞橱窗和装饰，每个商场都放着令人愉快的圣诞歌。

冬天感觉不开心的瞬间：

✦ 凌晨到达的飞机，一出机场时被冷风一吹，才真正体会舟车劳顿之苦；

✦ 工作了一整天，只喝了一碗冷汤；

✦ 很冷的时候，地暖坏掉了。

秋天让人感觉愉快的瞬间：

✦ 暑气减退，走在路上感觉迎面吹来的是秋天的风了；

✦ 闻到晚风里的桂花香。

喜欢秋天，早晨也好，晚上也好；出太阳也好，下雨也好。

一年四季里，我最喜欢秋天。因为秋天总是很温柔，像是一个什么梦想都可以实现的季节。

艰难的一年

“每个人生命中，都有无比艰难的一年，将人生变得美好而辽阔。”

去年非常低潮的时候，看《岛上书店》，看到这句话，我得到了很大的安慰。

对我来说，过去的一年，不算是最艰难，也算是生命中很艰难的一年吧。

其中一个巨大的打击来自好朋友的离世。

他是我的男闺蜜。从小到大都是尖子生。一米八五的个头，“唱跳写运动”样样俱佳，长得也不错。中学的时候，因为是体育特长生上了最好的中学，然后参加了当年很火的选秀节目，拿了大奖。

世界的万花筒很早就在他面前打开。因为太知道自己的优势，他每次出现都带着自信满满的“男主角”光环，以自我为中心，容不得身边的人跟不上他的节奏。所以身边的人对他态度非常极端，要么非常喜欢，要么非常讨厌。我呢，属于软弱的“中庸派”。

我们是在大学认识的。当时我们参加了同一个社团，他主动过来跟我交朋友，每天找我一起吃饭、逛街、排练，就这样成了好朋友。那时我有自己喜欢但又不敢靠近的人，成天伤春悲秋，需要有一个人听我唠唠叨叨，说说那些患得患失的心事。他的嬉皮笑脸让那段难熬的日子没那么难过了。

我还记得有一次我被那个男孩子伤透了心，哭得像个猪头，他怎么安慰都没用，扔下一句：“哭什么哭，30 岁之前如果你没结婚我就娶你。”搞得我破涕为笑。

另一方面，我对他突如其来的热情有点不知所措。我是一个慢热的人，面对像他这样一团火似的热情，我有点害怕，怕自己一旦没有付出同等的热情，他就会非常受伤。我记得有一次他给我打电话，说自己养的小狗病死了，我当时正因为另一件事烦恼，有点心不在焉，没有及时安慰他，他就生气地挂断了电话，足足三个礼拜没有理我。

他的野心勃勃和强大的控制欲也让我非常紧张。他对自己要求很高，演讲和舞蹈都是刻苦练过的，就连意志力，都是经过非常自觉的自我训练的。有一天我们一起外出演出，我迟到了。他整个人像一座冰山。

那天演出结束分开前，他跟我说："我真的很讨厌你们吊儿郎当的样子。你们（他数落的人包括了我还有好几个共同好友）得过且过，一点都不珍惜天分，不珍惜机会，不珍惜时间。"

我嘟嘟囔囔："至于嘛，我们也没耽误事啊。"

他更生气了。他说："你知道吗，一旦你轻易违背了自己的原则，你以后就会一次次违背自己的原则，然后你就慢慢变成一个对自己毫无要求的废人。"

当时其实我没怎么把他的话当回事。毕竟很长一段时间内，我的签名都是"不必为了发光而活着"。

毕业后我留在广州，他去了北京，后来他出国又回来。我们渐渐联系很少了。我是个很害怕别人给我压力的人，在他不经常联系我的日子里，再也没有人定期问我最近又完成了什么目标，精进了什么能力，我也乐得轻松，觉得松散的朋友关系挺好的。

有一次我去北京，跟他在后海一个酒吧喝酒。出来后，我们在路上走了很久。

他突然说：你的包呢？我大叫：天啊，我不记得拿了。然后我赶紧跑回去拿包。这时他在我身后哈哈大笑说：你这个蠢女人，怎么过了这么多年你还是这么蠢！我一回头，他正拿着我的包，得意地甩来甩去。

最后一次跟他见面，是前年他来广州，朋友们约了一起去 K 歌。不知道为什么，他胖了。我当时非常震惊。因为我不能理解，像他那么爱美、那么自律的人，居然会允许自己发胖。他后来的经历，都是通过他自己的讲述我才知道的。

他在北京的电视台工作，很努力也得到了赏识。但他总觉得自己的人生不是打一份工这么平凡，于是他出国深造，在国外成立了一个留学生俱乐部。他组了个组合，出了专辑，可惜都没有火。后来他再回到北京，自己做生意，并不顺利。再后来，他南下帮别人打理生意。至于具体做什么，他语焉不详，就说需要每天工作很长时间，喝酒应酬非常辛苦。因为隐隐感觉到他的不如意，我也没有细问。

我只记得在分开前，我们都喝多了。他半开玩笑地说："凭什么红的是你啊？！你努力过吗？你挣扎过吗？你甚至都不想红，为什么最后红的是你？我那么努力，都没有实现我的梦想。凭什么像你这么心不在焉的人，得到了一切。"

我并没有生气。因为我可以想象，像他这么好强的人，会说出这么一番话，一定付出过我难以想象的痛苦和代价。

那晚之后，我们很久都没联系。直到有一天深夜。我们共同的好朋友给我打电话，哭着说，他走了。

是非常残忍的他杀。在他的葬礼上，我得知，他是在教训手下的一个小孩不思上进时，措辞太严厉、太不留情面，以至于那个小孩心生怨气，在他熟睡时用利器把他砸死，然后自杀。网络新闻用短短两百个字报道了这则凶杀案。

这个情节太荒诞，以至于从葬礼回来后的很多天，我都没办法缓过劲来。

前段时间写傅园慧，写到最后，我说：我越来越觉得，我能实现自己的梦想，不是因为我够努力，而是因为我够幸运。

很多人说我变了。是啊，我以前一直相信，只有不努力，没有做不到。比如说，我自己减肥减了10斤。

很多人就会说："你怎么减的？我怎么一直减不下来？"然后很沮丧。换做以前我就会说："怎么可能减不下来呢？你就应该控制饮食啊，努力运动啊，怎么会减不下来呢？"

我原来觉得一定要非常关注自己，一定要追求美，保持对美的敏感，保持对生活的触觉，一定要生机勃勃地活着，这样才是值得期待的人生。但现在我觉得，怎么开心怎么来吧，并不是所有的努力都能够得到回报。如果那个过程让你那么痛苦，那就不要努力了，开心一点就好了。

如果不是经历过这件事，也许我永远无法真正理解，努力而得，是幸运；努力而不得，是人生常态。在看似有因有果的人生棋局中，操纵一切的是那只叫作命运的大手。

有一天晚上，重温了《被嫌弃的松子的一生》，看完之后，我一个人坐在客厅放声大哭，哭到上气不接下气。

有时候人生就像一个齿轮，不知道哪一环突然掉链子了，然后就彻底失控了。怎么认真努力都过不好这一生，真的很丧啊。

我在那一刻，才真正理解了他。

愿你已放下，常驻光明中。

真实的生活

请外地来的朋友们吃我喜欢的麻辣火锅。去之前我很卖力地向她们介绍，这里虽然便宜、环境不咋地，但真的很好吃，好吃到我这两年只要出长差回到广州，就会拖着行李去吃。

怀着满腔热情和无比期待的我们，兴致勃勃来到火锅店后，却得知，提前预定的位置因为晚到十分钟被取消了。穿黑色工服、围着红色围裙、长得很漂亮的服务员递给我一个号码牌，很有礼貌地说："对不起麻烦你们等一下位哦。"

我一看，还要等 83 个位，非常绝望地问她们："我们是等还是不等？"

这时，我的朋友们，不怒反笑，纷纷对我进行了花式嘲笑：

"居然让你等位，快告诉她们你是谁。"

“我还以为你很红了，怎么她们没认出你？”

“吃个火锅还要排队，你说说认识你到底有什么用啊？！”

为了不至于太丢脸，我把她们带到了另外一家我熟悉的餐厅，这里我们只需要等6个位！

像这样丢脸的事还有很多：

没化妆穿了件破T恤去见闺蜜，被她们嘲笑：“你是以为自己现在好看到随便穿也时髦吗？”

每次穿白衣服都会溅到油渍，崔斯坦总是不失时机说：“说好的在看不见的地方也要精致呢？”

还有很久不见的直男朋友，专门挑很多人的时候大声说：“哦，原来你就是著名的时尚博主黎贝卡啊，真人跟照片差很远嘛！”惹得周围的人纷纷侧目，而我尴尬到恨不得钻到桌子下面。

时尚博主这个职业，确实有很多迷人的光环。

在外人看来，我们每天的生活就是穿得美美的，拍拍照、看看秀、走走红毯；只要你愿意，可以一天参加N场看起来很高大上的活动；别人羡慕说走就走的旅行，而你动不动就打飞的出国，在巴黎待的时间比在家里还长；别人还在纠结怎么在有限的预算内买到自己喜欢的东西，你已经穿上最新一季的衣服，背上最新款的包，拥有完美的衣帽间；别人抢不到的限量款，品牌早早就寄给你试用了；还有很多读者为你打Call，每发一张照片都有无数溢美之词涌来，不小心就像误入了夸夸群；在很多个陌生的城市街头或者机场，有人会突然跑过来跟你说“我关注了你好久，真的很喜欢你”……

诚实地说，这样的生活，某种程度上是真实存在的。

说没有开心过，没有膨胀过是不可能的。

那天有媒体采访我，问我“红了”以后有什么变化，有什么是回想起来，自己对自己特别满意的地方。当时我没想好。

认真想想。如果说，有什么是我经过这些年以后，依然认为值得自己骄傲的特质，那就是：清醒。

成为时尚博主以后，我做到了很多从来没想过能做到的事，被很多从未见过面的人喜欢和信任，见到了我从没想过能见到的人比如我的偶像木村拓哉，他甚至在微博上关注了我。

我从那个埋头写稿、奔波采访的小天地里走出来，一头扎进充满华服和闪光灯的梦境里，就好像一个平凡无奇的麻瓜，不小心闯进神奇的魔法世界，还发现自己拥有了魔法棒。

我的生活发生了翻天覆地的变化。但是，有一些习惯始终没有变过：比如为了买下心爱的包存很久的钱，比如每次拍摄最期待的就是点那家爱吃的湘菜，比如认认真真写下每年的心愿清单然后努力实现它，比如在家时无论再忙再累，都要陪小福出去散散步……我喜欢这样的日常。

是这些细碎的日常，带给我持久分享的热情。

如果我还是一个采访者，在前面那个问题之后，我应该会接着问：如果有一天没人看你写的东西了怎么办？

这个问题我已经想过千百遍，答案是现成的：我已经做好了随时被遗忘，随时离开的准备。

很多年前第一次去戛纳电影节采访，那时我还是电影记者，每天穿着高跟鞋在电影宫和各个五星级酒店来来回回，看片采访。

有一天晚上，为了看《切格瓦纳》，在放映厅外面排队排了 3 个小时，才看到那场长达 4 个小时的电影。好笑的是，电影开场还没 15 分钟，和我一起站在外面吹着冷风排了长队的小伙伴，一个在我左边，一个在我右边，歪着头睡着了，还轻轻打着鼾。

电影播完后，我把他们摇醒。出来时已经是半夜，睡眼惺忪的他们找了个地方抽烟。我站在旁边等他们。看到不远处就是著名的戛纳红毯，它和白天很不一样，特别短，还有点旧，上面飘着来不及被收走的纸片和易拉罐。在凌晨三点钟忽明忽灭的夜色和晨光的交叠里，显得无比冷清。

没有美人们站在上面争奇斗艳，没有闪光灯和滤镜的加持，它也不过就是一块寻常的红地毯。

不知道为什么，很多次拍摄完或者参加完活动，我总会想到这一幕。

也许在很多年前的这一刻，在我还没有踏进这个魔法世界时，我已经明白：所有的繁华，和所有的深情一样，都不过是一场幻梦。

后序

我一直都相信，万物皆有灵性。

一花一草，一杯一物，一粥一饭 & 无论是什么东西，但凡跟我们相处久了，都会有自己的灵性。

怎么和物品好好相处，等同于怎么和自己好好相处。这是一项需要好好修炼的功课。

经过很多轮买买买和断舍离，我慢慢学会跟身边的物品建立健康的关系。

那就是：爱物惜物，但也不要为物所累。

每个人和物品的关系都不同。在这本书的最后，我也想邀请本书插画师儿力力现身，和她一起聊聊生活、感情、物品和八卦。

黎贝卡：你现在拥有的物品，有一定不能失去的吗？

儿力力：好像并没有。

黎贝卡：我也没有，很多东西都是因为情感因素才会产生感情。

儿力力：也有可能跟人有关。那个人还在的时候，这些物品并没有那么重要。但如果有一天那个人不在了，这件东西就不能失去了。

黎贝卡：这也是情感因素，我们会与一件物品产生关联，很多时候是因为我们在使用过程中产生了情感，所以才不能失去它们。

儿力力：怎样看待一件物品是有生命力的?

黎贝卡：福建有一个方言叫“家仙”，大概是民间尊奉的神祇的一种吧，我的家人特别相信这些。举个例子，如果我摔了一样东西，我奶奶不会斥责我，而是会说“你这样摔它，某某仙会生气的”。我们小时候还一直有传说，会有小人儿来家里借东西，所以我们才会经常发现家里的米少了、某些物品突然找不到了，类似“借东西的小人”吧。

儿力力：我家里好像也会。

黎贝卡：正是因为这样，所以我一直都觉得物品不是完全没有情感、没有生命的。我有一个非常好笑的习惯，有一次我不小心摔了一样物品，我下意识地跟它连说了好几声对不起。小镜子（我侄子）非常不解，他问我“姑姑，你为什么要跟它说对不起？” 这是本能的反应，因为我相信它是有自己的生命的。

黎贝卡：我喜欢整理东西，但你喜欢乱乱的环境，而且在这样的环境里才有安全感，我想知道为什么？

儿力力：这样才能让我在我想要一样东西的时候马上找到它。

黎贝卡：不是整理好了更容易找到吗？

儿力力：不是诶。我以前读研的时候，有一个短暂的外号叫“九块砖”，就那种小小的砖，给我九块的范围，我就能把我所有东西都放进去。虽然东西很多，但我只会看到自己想看到的东西，那些杂乱的东西就算放在我面前，我也觉得没有关系。

黎贝卡：虽然你看不到它们，但你还是能找到想要的工具。

儿力力：对。找不到就算了，下次还是会找到的，用触手可及的工具来画就好。

黎贝卡：我一定要知道我的东西在哪里。当我很执着地要找某件物品的时候，我周围人的压力都会变得很大。我妈妈说她最怕的就是我找东西，每次我要找东西时，她的头都大了。

儿力力：我没有这种执念，当这件物品想要出现的时候，自然就会出现。

黎贝卡：很多人都有和你一样的想法，之前我找不着墨镜，身边人的第一反应就是有类似的吗？我的反应却是，怎么会有类似的呢？所以我需要它们待在一个我能预料到的地方。

（突然出现的）崔斯坦：我的处理办法就不一样，我因为害怕丢失东西，会尽可能地拥有少一些。

黎贝卡：不要听她的。她没有什么包，她也不喜欢包，

崔斯坦：我是认真的！比方说，假如我有两副耳机，我就会非常焦虑：担心某一副耳机长期闲置好可怜或者不见了我却没有发现。我买这两副耳机都是因为喜欢，结果反而产生很大的心理负担，我常常为这种事情痛苦得不行。

儿力力：我也是诶，所以如果我有两个杯子，我会轮流用。哈哈。

黎贝卡：我在某些方面也一样，比如说我不能同时拥有两个保温杯。我有个保温杯用了 12 年，后来我觉得它真的挺旧了，想买一个新的，买了以后那个旧的保温杯就突然消失了，没有人知道它去哪了。之后我再也没有对任何一个保温杯有这么长久的依恋和感情。但是我跟你们有一点点不一样。如果我家里很空，我会觉得这里不是我的家。直到这个空间里有跟我发生深刻联系的物品，我才会觉得很有安全感。崔斯坦希望减少这样的亲密关系，而我想拥有很多很多。我希望在我的空间里，物品和我都充满了感情与联系。儿力力有一幅画的概念我好喜欢（但一直没有对外发布），画的是我出

差后，所有物品都在家里开 party，这就是我想象的我家的样子，它们并不是物品，而是我的家庭成员。

儿力力：我会定期帮摆在家里的公仔拧一拧脑袋或换个方向，因为我觉得它们一直朝着固定方向，一定很闷；还会偶尔让躺着的公仔换个姿势，比如坐起来，因为担心他会腰酸。

儿力力：有些物品是越用越好用，比如我画画的笔。

黎贝卡：就好像它能帮你画画一样，是吗？

儿力力：嗯，而且笔的毛会一点一点地掉，然后变成另外一个状态，当它到达某一个状态的时候，特别适合画某一样东西。

黎贝卡：跟我用 iPad 和电脑一样。之前崔斯坦老说看我过安检的时候超心酸，因为我从行李箱拿出来的 iPad 的屏幕全是碎的，看起来很旧。她问我为什么不换个新的？其实我早就买了新的，只是习惯了不想换，电脑也是。

儿力力：很多东西都是用惯了的比新的要更好。

黎贝卡：我那天在公众号写了一篇关于鞋子保养的文章，有人留言说何必这么麻烦呢？穿完扔在一边就好，否则不就变成物质的奴隶了吗？但我觉得不是。我很喜欢它，我想跟它待久一点。

儿力力：但有的人会因为那双鞋很好穿，就囤很多双！

黎贝卡：这也不失为一个好思路，谢谢你的提醒。哈哈！

黎贝卡：但我跟你讲的是两个概念，你说的是适合，我说的是喜欢。比如说我喜欢的就是这双鞋，而不是这款鞋很好穿，所以我要买十双鞋。

儿力力：那双鞋因为穿了一段时间，所以磨合了？

黎贝卡：对。如果买了新的，我还要重新跟它磨合。

黎贝卡：你是什么时候发现自己喜欢画画这件事的？

儿力力：我从小就是一个胆小的人，不好意思跟大家说话，但是，在班上画画还算画得挺好的。经常有同学拿一个尺子，把它用涂改液涂成白色的，让我在上面画画。我觉得自己因为画画这件事，很受欢迎。如果你问我什么时候开始喜欢画画，那就是更小的时候了。我有一个小学同学也是我的幼儿园同学，他说我在幼儿园的课间一直在画画。

黎贝卡：所以这是天赋，对不对？如今很多天赋是被开发或者是有意培养的，以前却是有就有，没有就没有。

崔斯坦：爱美也是天赋。

黎贝卡：我觉得爱美是天生的，所有的小姑娘都爱漂亮。崔斯坦说她没有爱漂亮，我不相信，我觉得她是被压抑了。现在的小男孩，就像我的侄子小镜子，他每天都要自己挑鞋，从很小他就指定要穿红色的衣服。

我从小就生活在一个特别爱美的环境里面，我奶奶、妈妈和姑姑们全部都特别爱美，我已经习惯了。以前的人不是经常用塑料杯或一次性纸杯吗？我家里是没有一次性纸杯的，一直都是玻璃杯和陶瓷杯，我们是那种就算攒钱也要去买一套好看的杯子的人。我对物品的要求不只是功能。无论是什么东西，美对我来说都非常重要。

黎贝卡：在和我一起工作后，有什么改变吗？崔斯坦说，她以前会尽量减少持有，但现在她给生活做了很多加法。

儿力力：认识了很多牌子。哈哈。

黎贝卡：哈哈。掌握了很多毫无意义的知识。

儿力力：开玩笑啦，我会觉得买买买也蛮有意思的。

黎贝卡：我认识了力力和看到她的画，会觉得真好，有人可以在自己的小世界里做自己喜欢的事情，过自己想要的生活，不需要跟大世界发生冲突。

因为很多人会说，为了过上 xx 生活我就要 xxx。但我不喜欢这种充满对抗的态度，我喜欢在你身上看到的不需要咬紧牙关，不需要跟世界产生冲突，就可以过自己想要过的生活的感觉。我觉得我和你本质上是一样的，只不过是以一种更热闹的姿态。比如，如果我今年做不到某些事情，我也不会怎么样，也挺开心的。

儿力力：你精力真的很旺盛。

黎贝卡：我就觉得我很幸运。但有很多人会让你觉得她们很辛苦，一直在咬紧牙关。但看到你之后，就觉得，这世上还是有人不用咬紧牙关就可以过得挺好的。

儿力力：那你有为什么东西特别挣扎过吗？

黎贝卡：那可能只有感情了吧，但感情过去的时候，我也是过得比谁都快。这跟我对物品的感觉是一样的，一方面我非要跟它们发生很紧密的联系，非要找到它们，但是如果真的没有了，也不会怎么样，没有了就是没有了。

儿力力：那你想找到它的原因是什么？是想知道一个明确的结果？

黎贝卡：我会尽最大的努力将它找到，觉得既然它和我发生了联系，我就希望这个联系不要断，不想和它走散。

儿力力：但这个听起来有点虚。是因为就是珍惜它，还是因为某种执着，被“找到它”的念头束缚住了？

黎贝卡：不是后者，哪怕你们觉得我现在买了很多东西，但每一件物品都是和我有特别联系的。比如世界上有这么多手表，为什么我偏偏买到这块？这一定是某种缘分。我对我身边的人也是，都蛮好的。曾经我一度怀疑，这是不是讨好癌？但世界上那么多人，为什么我偏偏和你发生联系？这是机率蛮小的事情。对物品也是，我不想断掉这种联系。但是，如果我尽力了，那件丢了的物品依然没有找回来，那也没有办法。

图书在版编目（CIP）数据

今天也要认真穿 / 黎贝卡著. -- 武汉：长江文艺出版社，2019.10

ISBN 978-7-5702-1201-9

Ⅰ.①今… Ⅱ.①黎… Ⅲ.①女性－成功心理－通俗读物 Ⅳ.①B848.1-49

中国版本图书馆 CIP 数据核字（2019）第 192458 号

责任编辑：薛纪雨　王思杰　　责任校对：周　杨

封面设计：仙　境　　责任印制：张　涛

出版：长江出版传媒｜长江文艺出版社

地址：武汉市雄楚大街 268 号　　邮编：430070

发行：长江文艺出版社

北京时代华语国际传媒股份有限公司　（电话：010-83670231）

http：//www.cjlap.com

印刷：唐山富达印务有限公司

开本：880 毫米 ×1230 毫米　1/32　　印张：8.5

版次：2019 年 10 月第 1 版　　2019 年 10 月第 1 次印刷

字数：80 千字

定价：49.80 元